COACHING

▸ KITESURF

FABRICE BOURBON
STÉPHANE SCHMITT

VAGNON

SOMMAIRE

PROGRESSER : DEVENIR EXPERT, 86

POUR ALLER PLUS LOIN, 116

Avertissement

Le kitesurf est un sport de pleine nature. Comme toutes les pratiques en milieu naturel, il comporte des risques objectifs et nécessite un apprentissage encadré. Les techniques décrites ici vous permettent de débuter et d'accompagner votre progression mais elles ne sont pas exhaustives. Le kitesurf est une activité potentiellement à risque et votre sécurité doit être votre première préoccupation. Vous pratiquez sous votre responsabilité et cet ouvrage ne peut pas se substituer à un apprentissage et à une formation avec des personnes expérimentées, professionnels diplômés d'État. Les auteurs et l'éditeur ne peuvent être tenus responsables en cas d'accident.

▸ ORIGINE ET DÉVELOPPEMENT

Si la première expérience officielle de traction marine d'une embarcation par un cerf-volant remonte au début du XXe siècle avec le kiteboat de Samuel Cody qui traverse la Manche, ce n'est qu'à la fin du siècle que le kitesurf, appelé au départ « flysurf », voit le jour. Il est l'œuvre de pionniers inspirés, passionnés de voile, de glisse, de vol, et d'innovation qui, après des années d'expérimentation, d'acharnement et parfois de doute, ont permis l'essor et la reconnaissance du kitesurf en tant que sport.

Le temps de l'expérimentation et des premiers brevets

À la fin des années 1970, de nombreux navigateurs s'intéressent à la traction marine. Ils cherchent un moyen de dépasser les performances de la voile, ou une alternative à la navigation en cas de démâtage. Parmi ces brevets, on peut citer le spinnaker aérien de John Bridge, le parafoil d'Arnaud de Rosnay, ou encore le train de cerf-volant de Ian Day qui tracte un Tornado, un petit catamaran de sport, et le propulse à 25 nœuds. Dans d'autres domaines, Dieter Strasilla, pionnier du parapente, expérimente la glisse sur l'eau avec sa Skywing. Quant à Peter Lynn, concepteur de cerfs-volants, il développe des ailes de traction et un kiteboat de série.

En 1984, deux frères quimpérois, les Legaignoux, déposent un premier brevet pour une aile à structure gonflable capable de redécoller en mer. C'est une avancée majeure et un tournant dans l'histoire du kite, mais il faudra encore des années de mise au point pour faire évoluer sécurité et performance des ailes, et permettre au kitesurf de se révéler. C'est le premier brevet d'une longue série, car les Legaignoux travailleront sur l'amélioration de la sécurité et des performances des ailes de kitesurf pendant plus de vingt ans.

Aux États-Unis, Cory Roeseler travaille avec son père aviateur sur un système comprenant un cerf-volant et une barre de moulinet pour tracter des skis nautiques. Le kiteski est imaginé dans les années 1980, et le brevet est déposé en 1992. Le système fonctionne, en revanche l'aile ne redécolle qu'après enroulage des lignes, ce qui est contraignant.

Les années 1990 : la montée en puissance

Au début des années 1990, les Legaignoux créent le Wipicat, engin tracté composé d'un petit trimaran et d'une aile de traction gonflable. L'aile est également utilisée pour tracter des kayaks, puis des prototypes ressemblant à des planches de surf et de windsurf.

Laird Hamilton, célèbre waterman hawaïen lui aussi convaincu par cette nouvelle discipline, teste avec Manu Bertin les ailes Wipica. Ils contribuent au rayonnement du kitesurf sur les côtes hawaïennes. Manu Bertin fait notamment sensation lors d'une compétition de windsurf en 1996 à Hawaï. En février 1997 le kitesurf fait la une d'un magazine de windsurf. C'est le début de la reconnaissance.

En 1997, les Legaignoux commercialisent les ailes Wipica produites par Neilpryde Parapente. Puis entre 1999 et 2003, des licences sont accordées à Naish qui est le premier à obtenir une licence pour commercialiser des ailes gonflables, puis à Neilpryde, Slingshot, Ricci et Bic. Les ventes d'ailes passent de 100 en 1997 à 100 000 en 2010. La première aile quatre lignes est commercialisée en 1999, le contrôle et le confort de pilotage s'améliorent.

Aux États-Unis, Lou Wainman, pionnier de la discipline et freestyler renommé, met au point des planches bidirectionnelles dès 1995. À la fin des années 1990, Raphael Salles, concepteur de la marque F One, et Laurent Ness travaillent sur la conception de planches directionnelles, ils sortent les premiers modèles de série dès 1997. En France, Franz Orly shape la première planche twin-tip, plus adaptée à la réalisation de figures de freestyle.

La première compétition internationale a lieu en 1998 à Hawaï. En 1999, la première épreuve internationale en France a cours lors de la quatrième édition du Mondial du vent à Leucate. Il s'agit d'une épreuve de freestyle, le public est impressionné par les figures spectaculaires très aériennes réalisées par les compétiteurs. Le kitesurf commence à être médiatisé et à faire de l'ombre à la planche à voile.

C'est à la fin des années 1990 que le kitesurf est reconnu en tant que sport. En France, les premiers moniteurs fédéraux sont formés par la FFVL (Fédération française de vol libre) et l'UCPA (Union nationale des centres sportifs de plein air) dès 1998. Les premières écoles peuvent voir le jour. Reste à améliorer la sécurité et l'accessibilité pour permettre le développement de la discipline.

Des années 2000 à nos jours, l'explosion

La FFVL obtient la délégation officielle par le ministère des Sports en 2002. Le premier diplôme d'État, le BPJEPS (brevet professionnel de la jeunesse, éducation populaire et sports) glisse aérotractée, est créé. De très nombreuses écoles apparaissent sur le littoral français et à travers le monde, avec Wipicat School dès 2001 à Cabarete, puis IKO à partir de 2003. La pratique en compétition se développe, on commence à différencier les disciplines.

À partir de 2006, les performances de l'aile, le confort de pilotage et la sécurité s'améliorent nettement grâce à l'évolution vers des profils d'aile moins archés que les C-shape. Les bow shape, appelés aussi ailes plates, ont une faculté à perdre de la puissance bien supérieure, autrement dit, le *depower* est beaucoup plus efficace sur ces modèles. La conception de la barre et des bridages est affinée pour améliorer la stabilité et le contrôle. Les systèmes de largage estampillés par l'Afnor (Association française de normalisation) sont beaucoup plus fiables. Toutes ces améliorations contribuent à rendre la pratique du kitesurf plus accessible et sécurisée, et favorisent son développement à travers le monde.

Aujourd'hui le kitesurf compte des centaines de milliers de pratiquants, et une grande diversité de disciplines et de sensations qui ont bâti son succès. Le kitesurf a été envisagé comme discipline remplaçante du windsurf pour les JO de Rio en 2016, mais c'est finalement aux JO de Paris en 2024 qu'il fera son apparition. Le kitefoil, qui peut se pratiquer dans un vent léger, est le support retenu pour cette épreuve.

▶ AVANT DE SE LANCER

▸ DÉFINIR SA PRATIQUE

Depuis l'apparition du kitesurf, les types de pratique n'ont cessé d'évoluer. Aujourd'hui, il existe une grande diversité de disciplines et de supports qui procurent des sensations très variées. Il est possible de glisser, sauter, réaliser des figures de freestyle, surfer ou encore voler sur un foil. Une fois initié aux bases, vous pourrez choisir votre style de navigation en fonction de vos envies et de vos sites de pratique. Quel que soit votre profil, vous êtes assuré de trouver la pratique qui vous conviendra !

Le freestyle

Le freestyle consiste à réaliser des figures acrobatiques et aériennes, accroché ou non à un harnais. On distingue trois types de freestyle en kitesurf : le freestyle oldschool, le newschool/wakestyle et le strapless.

Le oldschool consiste à réaliser des figures aériennes avec l'aile en position haute et accroché au harnais. On cherche à passer le plus de temps possible en l'air pour réaliser des boards off, on enlève puis on remet la planche lors d'un saut, on réalise des rotations multiples, des grabs lorsque l'on attrape sa planche avec une main. Il y a d'autres types de figures moins aériennes mais tout aussi impressionnantes, comme le célèbre Jesus walk qui consiste à marcher sur l'eau puis à rechausser sa planche.

Le newschool, également appelé **wakestyle** en référence au wakeboard qui a largement influencé la discipline, consiste à réaliser des figures avec la barre à bout de bras, décrochée du harnais, et l'aile en position basse, ce qui rappelle la sensation du palonnier. Les figures réalisées sont très acrobatiques, avec des handle pass, passements de barre dans le dos, et des rotations extrêmement complexes. Comme le oldschool, le newschool se pratique avec des planches twin-tip, c'est-à-dire symétriques et équipées de chausses ou de footstraps.

Le freestyle strapless est la dernière née des disciplines de freestyle. Il se pratique sur des planches directionnelles et consiste à réaliser des figures sans aucune fixation à la planche, contrairement au freestyle classique.

Le surfkite

Il se pratique sur une planche directionnelle dont le shape et la construction s'inspirent du surf mais sont adaptés au kitesurf. Le surfkite consiste à évoluer dans les vagues tel un surfeur et à réaliser les plus belles courbes possibles. Comme le surf classique, il se pratique sans fixations sur la planche.

Le kitefoil

C'est la discipline la plus récente et elle est en plein essor. Le foil permet à la planche de s'élever au-dessus de l'eau et donne l'impression de voler. Le kitefoil présente de nombreux atouts. Il rend la pratique possible dans des vents plus faibles, et procure des sensations inédites très différentes du kite traditionnel. Il permet notamment de remonter davantage au vent, avec un angle plus serré, et d'évoluer dans une zone de navigation plus étendue. Le foil a été sélectionné pour les épreuves de kitesurf aux Jeux olympiques de Paris en 2024, qui se disputeront, comme les courses de voile, sur le plan d'eau de Marseille.

Le speed / La vitesse

La discipline consiste à réaliser la meilleure performance de vitesse sur 500 mètres. Des records sont également établis sur 1 kilomètre. Cette discipline se pratique sur un plan d'eau très plat et dans des vents très forts. La planche utilisée est dédiée à cette pratique, elle est étroite et asymétrique afin de garantir une vitesse optimale. Le 11 novembre 2021, le Français Alex Caizergues a battu le record du monde de vitesse sur 500 mètres avec une moyenne de 56,62 nœuds, soit 104,86 kilomètres à l'heure !

Et le freeride, c'est quoi ?

Le freeride, terme très employé dans le milieu du kite, n'est pas simple à définir. Si la pratique en compétition compte de plus en plus d'adeptes, la grande majorité des kitesurfeurs restent des freeriders. Le freeride est associé au plaisir des grands espaces naturels, et se caractérise par l'absence de compétitions, sauf dans certaines disciplines comme le ski, le snowboard et le VTT. En kitesurf, le freeride définit la pratique en dehors de tout cadre formel. Il s'agit de naviguer avec pour seul objectif la recherche de sensations et de plaisir. La majorité des pratiquants sont donc des freeriders, débutants ou experts, qu'ils glissent simplement, surfent, réalisent des sauts basiques et oldschool, ou volent sur un foil.

à retenir

Le terme freeride est également utilisé par les constructeurs pour désigner une gamme de matériel polyvalente et accessible.

▸ CHOISIR SON MATÉRIEL

Le kitesurf présente un atout majeur par rapport aux autres supports nautiques : la compacité du matériel. Tout l'équipement rentre dans un coffre de voiture ou dans un sac de voyage. Il existe aujourd'hui une large gamme d'ailes et de planches, avec des modèles adaptés pour chaque type de pratique. Bien choisir son matériel est essentiel. Il faudra toujours naviguer avec une aile et une planche adaptées à votre gabarit et aux conditions météo, et disposer de tout l'équipement de sécurité.

Les ailes à structure gonflable (à boudins)

C'est le type d'aile le plus utilisé par les kitesurfeurs car elles sont maniables, polyvalentes, et redécollent facilement dans l'eau. Elles comportent un bord d'attaque (l'avant du profil), un bord de fuite (l'arrière du profil) et des lattes latérales rigides. L'ensemble constitue le squelette de l'aile et se gonfle manuellement. Elles sont composées de spi, tissu très léger qui en couvre la plus grande surface, et de dacron, plus solide et rigide pour renforcer certaines zones exposées à des efforts plus importants. Le nombre de lattes varie d'une à cinq selon les modèles et le programme de navigation. Les tailles varient entre 5 m^2 pour le vent fort et 17 m^2. Le choix de l'aile s'effectue en fonction du gabarit, de la force du vent et de la planche utilisée.

➔ à retenir

On distingue différents types d'ailes à boudins : les ailes très archées, les C-shape, utilisées par les freestylers, et les ailes à bridage ou hybrides pour les autres types de pratique.

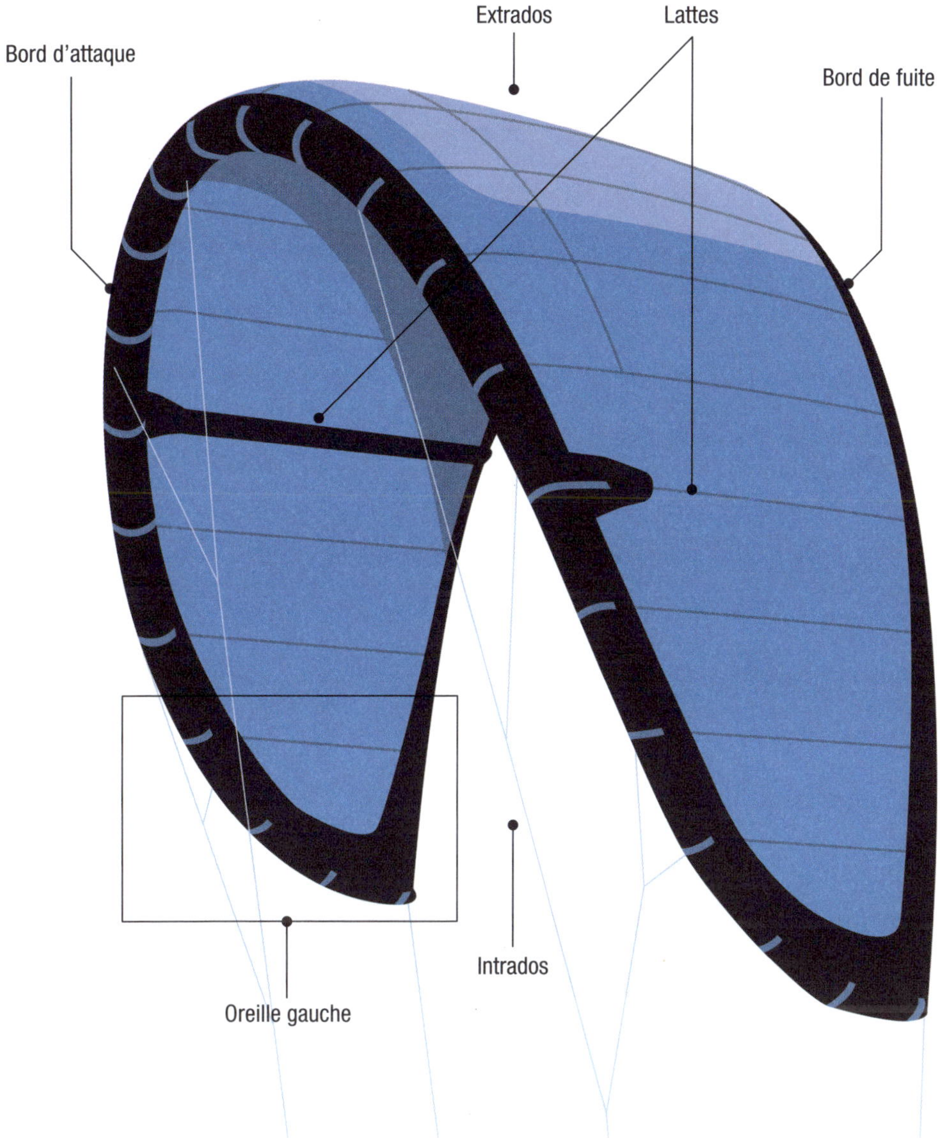
Extrados
Lattes
Bord d'attaque
Bord de fuite
Intrados
Oreille gauche

Les ailes à caissons

Inspirées du parapente, elles sont composées d'un bord d'attaque, d'un bord de fuite et de caissons qui se gonflent à la force du vent, contrairement aux ailes à boudins. L'aile est reliée aux lignes par un système de bridage. Très légères et puissantes, elles permettent de naviguer dans le petit temps et d'accroître les performances de vitesse au près et de remontée au vent. Les fabricants en ont développé des versions nautiques avec des caissons fermés. La taille des ailes varie généralement de 5 m^2 à 15 m^2 pour les modèles polyvalents. Les ailes les plus performantes conçues pour le vent faible et la compétition peuvent mesurer jusqu'à 21 m^2 et même 25 m^2 pour certaines marques. Utilisées avec un foil adapté au petit temps, elles permettent de naviguer en foil dès 4 à 5 nœuds de vent ! C'est ce type d'aile qui sera utilisé aux Jeux olympiques en 2024.

à retenir

Les ailes à caissons sont utilisées par les adeptes de navigation dans le vent léger, de compétition et de vitesse en kitefoil. Leur utilisation est limitée dans les autres disciplines car elles sont plus techniques à piloter et à faire décoller dans l'eau que les ailes à boudins. C'est aussi le type d'aile utilisé pour le snowkite, le char à cerf-volant et le kite mountainboard.

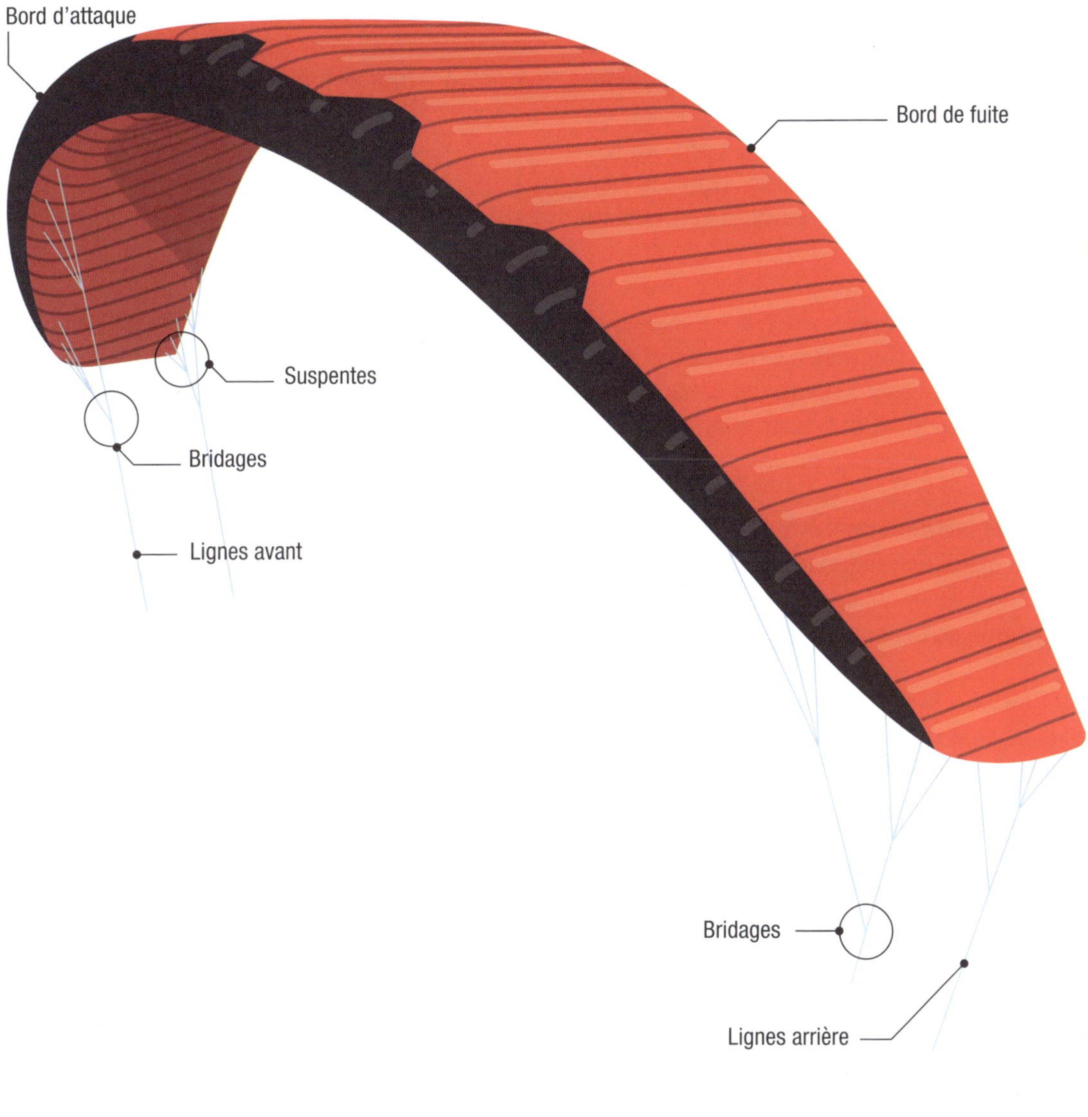
Bord d'attaque
Bord de fuite
Suspentes
Bridages
Lignes avant
Bridages
Lignes arrière

La barre

Elle comprend quatre lignes, plus rarement cinq. Les deux lignes arrière situées aux extrémités de la barre et reliées aux oreilles de l'aile permettent de contrôler la direction. Les lignes avant qui relient le centre de la barre au système de bridage et à la partie avant du bord d'attaque permettent de contrôler la puissance de l'aile.

Le trim est une sangle située au-dessus de la barre qui permet d'ajuster la longueur des lignes avant. Vous l'utilisez pour régler la hauteur du point de tension, et optimiser confort de navigation et performances de vol.

Le border choquer est un bout sur lequel évolue la barre. Ce système permet de modifier le différentiel entre les lignes avant et arrière, et de gérer la puissance de l'aile.

Le chicken loop est une boucle qui permet d'accrocher l'aile au harnais. Il est composé d'un tchoutch, tube en plastique qui évite le décrochage involontaire du harnais. Un anneau en inox permet d'accrocher un leash d'aile à la ligne de sécurité.

Les systèmes de sécurité

Les progrès sur les systèmes de largage ont permis de sécuriser la pratique. En France, la norme Afnor a été instaurée dès 2005 et, depuis 2020, la norme ISO standard 21853 sur les largueurs s'applique dans le monde. Fiables et performants, les largueurs permettent au pilote de se désolidariser de la barre et de stopper la traction.

Le largueur principal de l'aile ou déclencheur est une poignée rouge qui fait partie du chicken loop. Il faut la pousser vers le haut pour la déclencher. Une flèche indique le sens du mouvement. Après avoir déclenché, le pilote n'est plus attaché à la barre, elle s'éloigne. Il reste connecté au leash d'aile, lui-même relié à la ligne de sécurité. Grâce au différentiel créé avec les autres lignes arrière, l'aile devient neutre, elle ne tracte plus.

Le largueur de leash ou libérateur est une poignée rouge située à l'extrémité du leash côté harnais qui permet de se désolidariser totalement de l'aile. Il ne doit être actionné que si la traction persiste après le premier largage, car si vous perdez votre aile et votre barre, elles deviennent un danger pour les autres.

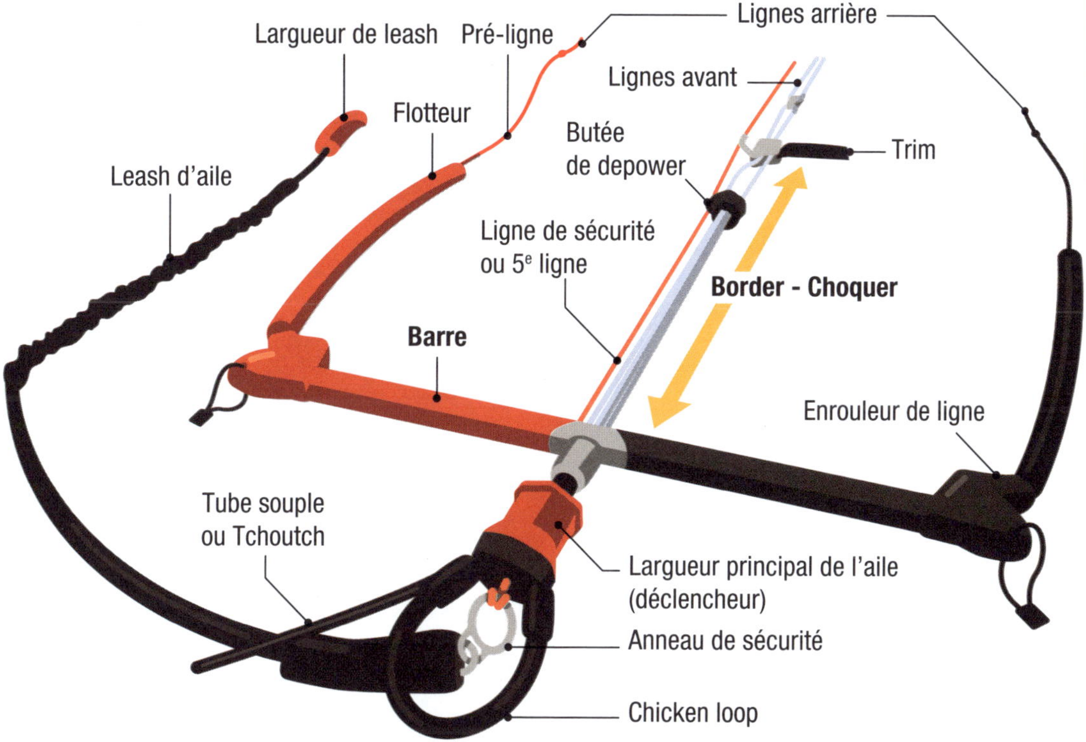
Lignes arrière
Largueur de leash
Pré-ligne
Lignes avant
Flotteur
Butée
de depower
Trim
Leash d'aile
Ligne de sécurité
ou 5e ligne
Border - Choquer
Barre
Enrouleur de ligne
Tube souple
ou Tchoutch
Largueur principal de l'aile
(déclencheur)
Anneau de sécurité
Chicken loop

Les types de planches

Le twin-tip

C'est la planche privilégiée pour l'apprentissage, le freestyle, et par de nombreux freeriders. Symétrique, elle ne nécessite pas de changer la position des pieds lors des modifications de bord et de trajectoire. Elle est équipée de deux petits ailerons aux extrémités de chaque côté, de pads, et de footstraps, sangles qui permettent de fixer les pieds à la planche. Plus elle est longue et large, plus elle est stable. Les débutants utilisent de grandes planches pour leurs premières glisses. Le choix du shape de la planche et de ses dimensions est ensuite à adapter en fonction du gabarit, du plan d'eau et du type de navigation.

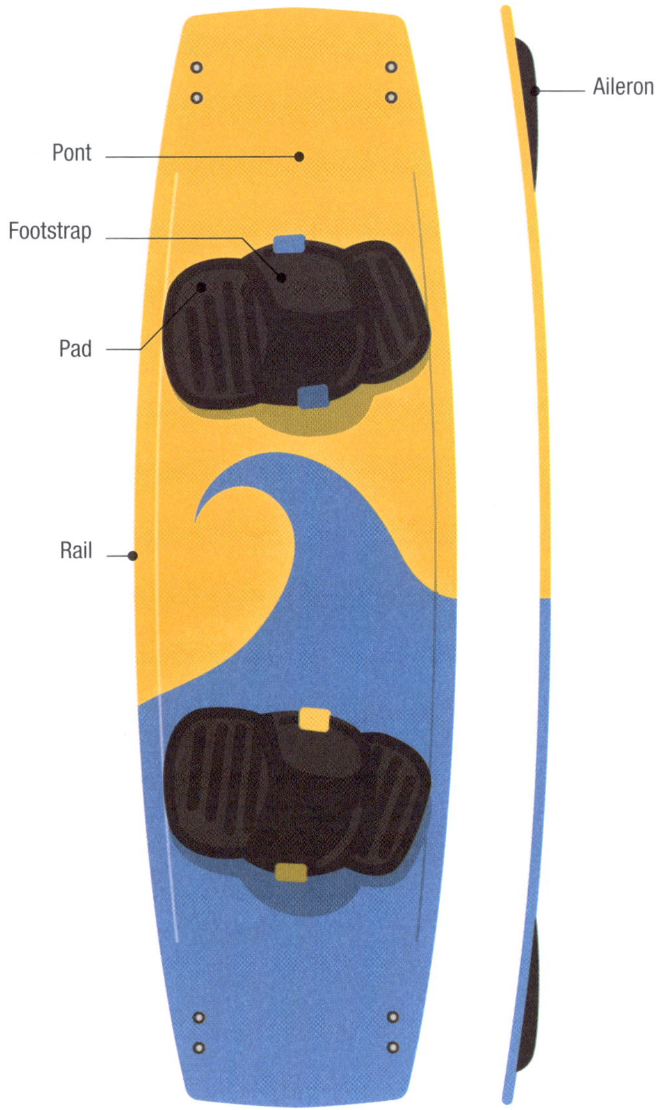

Les planches directionnelles

Contrairement aux twin-tip, ce sont des planches non symétriques, avec un avant et un arrière. Au départ inspirées des planches de surf et de windsurf, elles ont aujourd'hui des formes très différentes selon le type de pratique. On utilise des planches directionnelles pour surfer, pour le freestyle strapless, la vitesse, mais aussi en foil. Les formes des planches varient considérablement en fonction de la discipline. Comme sur une planche à voile, il faut changer la position des pieds lors des changements d'amure.

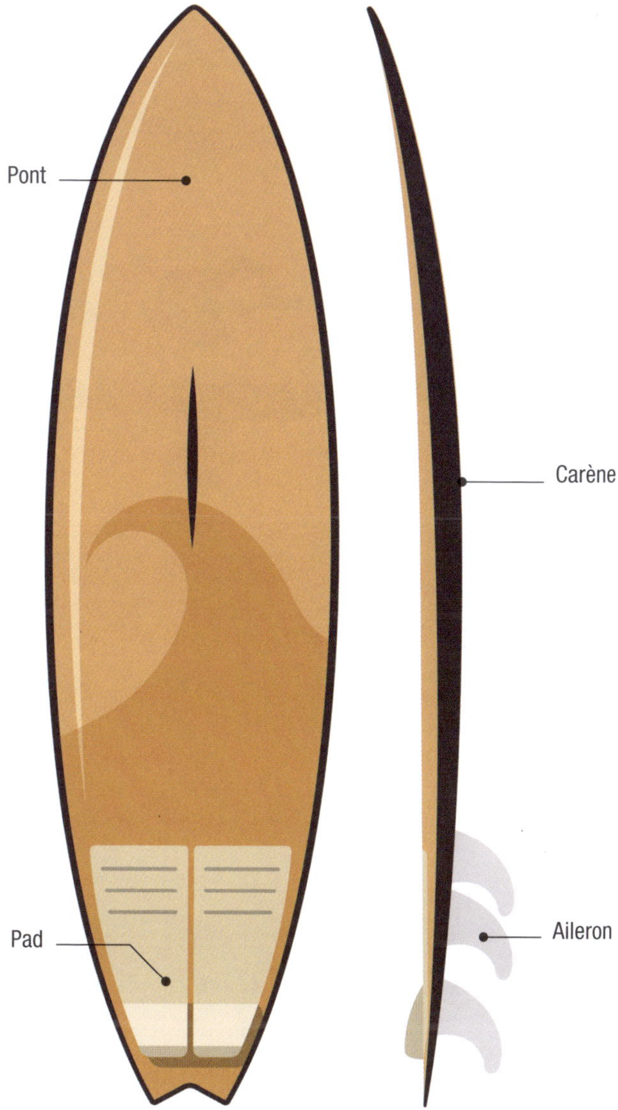

Le kitefoil

C'est le support le plus récent. La planche est reliée à un foil qui lui permet de s'élever au-dessus de l'eau, et donne la sensation de voler. L'aileron est remplacé par un foil composé d'un mât qui mesure de 45 à 110 centimètres, d'un fuselage et de deux ailes. L'aile avant est porteuse et l'aile arrière sert de stabilisateur. Plus l'aile avant est grande, plus elle est stable et vous permet de naviguer tôt dans le vent léger.

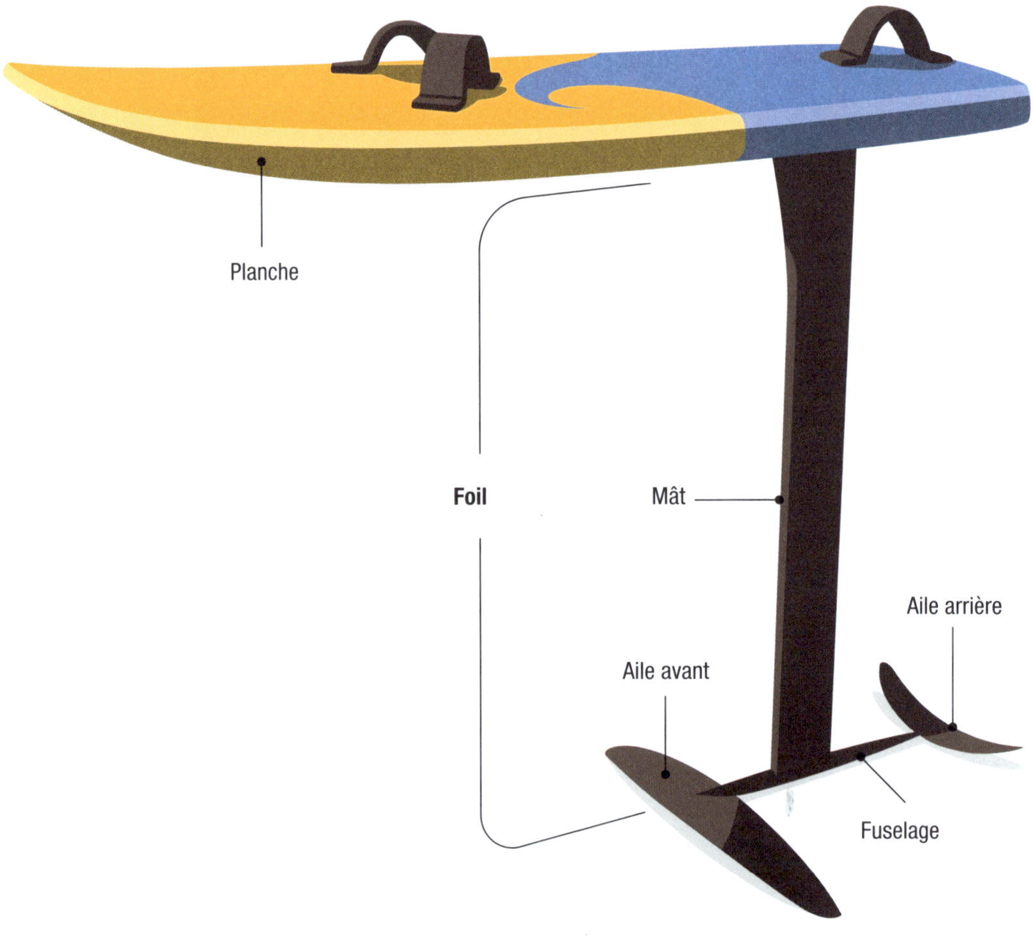

Les combinaisons

La combinaison est obligatoire pour la navigation si la température de l'eau est inférieure à 18 °C. Elle est considérée comme une aide à la flottabilité. Si vous n'en portez pas, vous devez vous équiper d'un gilet d'aide à la flottabilité pour naviguer au-delà de 300 mètres. Selon la température de l'eau, vous utiliserez une combinaison intégrale, un shorty, un top Néoprène ou *a minima* un Lycra.

En kitesurf, l'épaisseur du Néoprène va de 5 millimètres pour les combinaisons adaptées aux eaux froides, à 2 millimètres pour les eaux chaudes. Dans les eaux chaudes, portez toujours au moins un Lycra pour vous protéger du soleil. Contrairement aux combinaisons en Néoprène, ils ne sont pas considérés comme une aide à la flottaison.

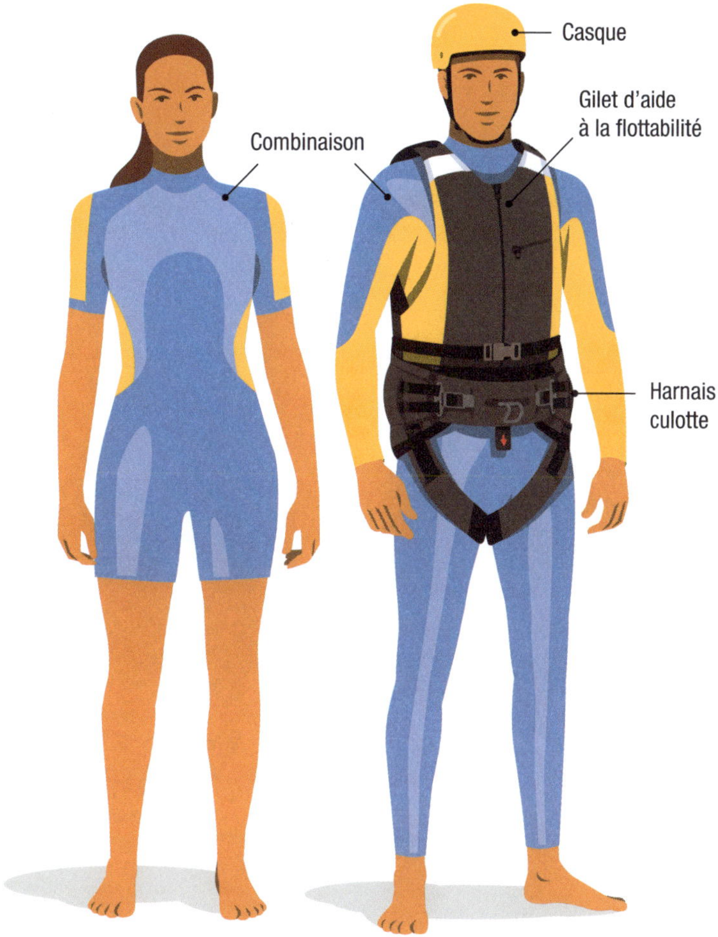

Le harnais

Le harnais relie le pratiquant à l'aile, il lui permet de supporter la traction avec l'ensemble du corps. La boucle de harnais se connecte à l'aile au niveau du chicken loop. Il existe deux types de harnais :

- le **harnais culotte** équipé de sous-cutales vous permet d'être plus stable sur la planche, et offre un meilleur maintien des lombaires. Il est privilégié lors de l'apprentissage, la longue distance en foil, et la vitesse ;
- le **harnais ceinture** permet une meilleure mobilité du corps. Il est privilégié pour réaliser des figures de freestyle ou évoluer dans les vagues.

La plupart des harnais de kitesurf sont maintenant équipés d'un **coupe-ligne**, qui permet de se libérer des lignes en cas d'enroulage ou d'emmêlage dangereux. Il faudra vous en procurer un, cet accessoire étant indispensable à la sécurité.

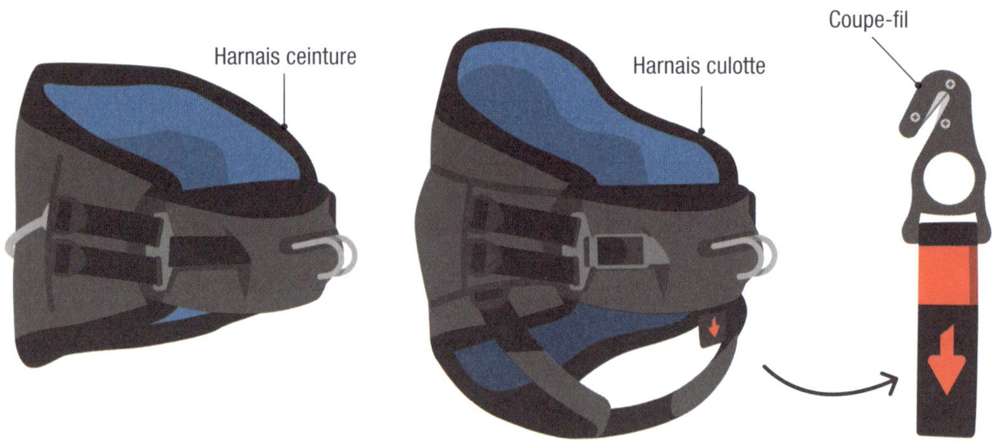

Les gilets

Gilet d'aide à la flottabilité

Porter une aide à la flottabilité est obligatoire au-delà de 300 mètres. Le gilet de sauvetage est obligatoire si le pratiquant ne porte pas de Néoprène. Il doit comporter une étiquette cousue sur laquelle figurent la norme CE et la valeur de flottabilité qui doit être de 50 Newtons minimum en kitesurf.

Gilet d'impact

Le gilet d'impact est inspiré de l'univers du wakeboard et protège des chocs en cas de chute. Généralement, il n'est pas considéré comme une aide à la flottabilité, mais les fabricants développent de plus en plus des modèles polyvalents homologués 50 Newtons, qui allient protection et flottabilité.

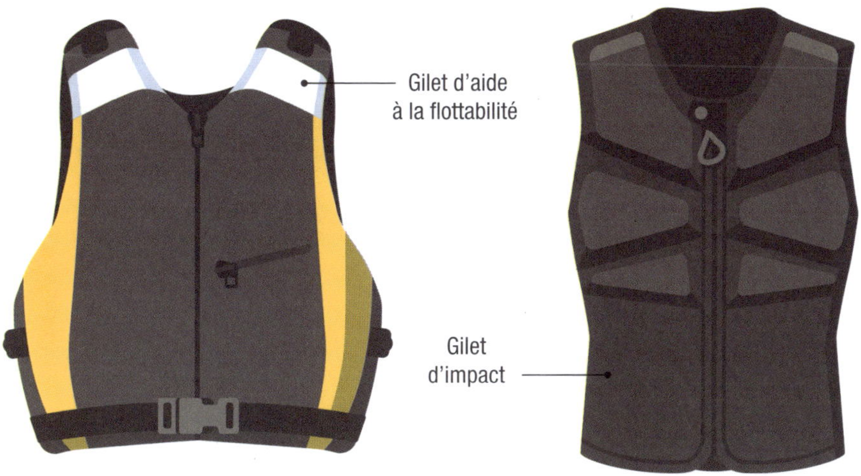

Le casque

Le port d'un casque adapté aux sports nautiques est également fortement recommandé. Il est même obligatoire lors de l'apprentissage en école, ou si vous utilisez un leash qui vous relie à la planche, ce qui est cependant déconseillé. Il en est de même pour la pratique du foil.

à retenir

Selon la législation, pour pratiquer au-delà des 300 mètres, vous devez être équipé d'une aide à la flottabilité, c'est-à-dire d'une combinaison intégrale ou d'un gilet de flottaison, et d'une lampe flash, moyen de repérage lumineux étanche, qui dispose d'une autonomie de six heures minimum. Depuis 2019, vous devez également marquer votre matériel avec les éléments suivants : nom, numéro de téléphone et adresse e-mail.

La pompe

Elle est utilisée pour gonfler le bord d'attaque et les lattes latérales des ailes à structure gonflable. Les ailes sont maintenant toutes équipées du système « One pump », c'est-à-dire que le gonflage s'effectue avec une seule valve. Il existe des pompes double action dont le débit est deux fois plus important que celui d'une pompe traditionnelle. Elles sont généralement équipées d'un nanomètre qui permet de respecter l'indication de pression optimale recommandée par les constructeurs.

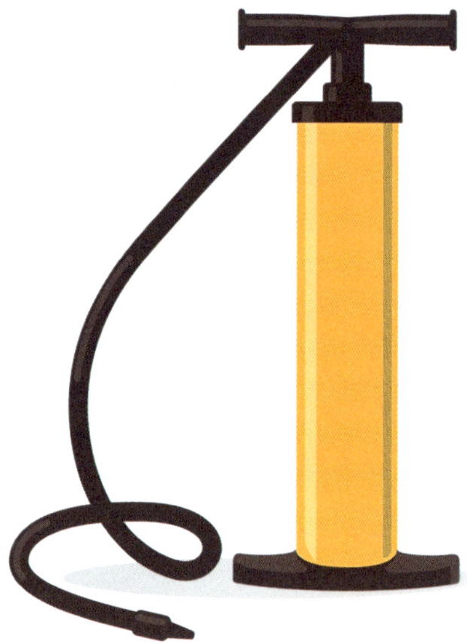

▸ CHOISIR SON ACCOMPAGNEMENT

Si le kitesurf est plus accessible techniquement que l'on ne pourrait le penser, il est impératif d'en apprendre les bases dans une école spécialisée. L'encadrement par un moniteur diplômé et l'utilisation d'un matériel adapté à chaque étape de votre apprentissage vous permettront non seulement de progresser rapidement, mais aussi d'acquérir le savoir-faire et les techniques essentiels pour évoluer en sécurité.

Où apprendre ?

Dans une école affiliée à une fédération ou membre d'un réseau reconnu afin d'être sûr qu'elle respecte le cadre réglementaire, et que l'enseignement est dispensé par des moniteurs diplômés. En France, adressez-vous à une école affiliée à la Fédération française de voile, à la Fédération française de vol libre, au réseau Prokite ou à l'UCPA. Aux quatre coins de la planète mais pas en France, vous trouverez des écoles IKO, réseau international le plus important.

Pour qui ?

Comme pour tous les sports, il faut se préparer physiquement pour pratiquer le kitesurf. Il ne s'agit pas de soulever de la fonte car vous n'aurez pas besoin d'être bâti comme un athlète pour naviguer. Il est toutefois essentiel d'être en bonne condition physique. La préparation physique vous apportera sécurité, confiance et performance !

à retenir

La pratique du cerf-volant de traction type trainer, avec une aile de petite taille (2 m² maximum) équipée de poignées ou d'une barre peut vous faire gagner de précieuses heures d'apprentissage. Le pilotage est essentiel et sa maîtrise est indispensable pour accéder à la glisse ! Explorer et connaître la fenêtre de vol et acquérir des bases de pilotage avant d'effectuer un stage accélérera l'apprentissage des premières étapes !

De même, la pratique d'autres sports de glisse ou nautiques, tels que le wakeboard ou la planche à voile, vous familiarisera avec la glisse nautique, et vous aurez plus de facilités lors des premiers waterstarts.

Si vous ne pratiquez plus régulièrement le sport, c'est l'occasion de vous remettre deux à trois fois par semaine à la course à pied, à la marche, au vélo, à la natation ou à toute autre activité physique. Être à l'aise dans l'eau et savoir nager est bien évidemment indispensable. Préparez

vos cuisses et vos abdominaux, ils seront sollicités.
Le kitesurf est donc accessible à tous à condition d'être en bonne forme physique. Les stages sont généralement ouverts aux enfants à partir de onze ans, le poids minimum recommandé est d'environ 45 kg.

Les formules

Cours et stages

Les écoles proposent des cours collectifs avec un maximum de cinq participants, parfois plus si la pratique s'effectue en binôme, ou avec des groupes de niveau expert. Pour un parcours d'apprentissage plus individualisé, vous trouverez des écoles qui proposent des cours particuliers ou des séances à deux élèves. Tout dépend de votre budget car ces cours sont plus chers.

› Les tarifs

Pour les cours collectifs, comptez entre 100 et 160 euros la séance selon la saison, le nombre d'élèves et la durée du cours. Les tarifs sont dégressifs en fonction du nombre de jours de stage.

› Le temps de pratique

Les séances durent généralement entre deux et trois heures selon les sites de pratique, car la mise en place est plus ou moins longue. N'hésitez pas à vous renseigner sur ces éléments auprès des écoles pour connaître le temps de pratique. En moyenne, il faut compter environ trois séances pour apprendre à glisser, et un minimum de cinq séances pour accéder à plus d'autonomie. Selon le profil des pratiquants, la progression est plus ou moins rapide.

La navigation surveillée

Proposée par de nombreuses écoles, elle est une alternative intéressante à la fin d'un stage avant de se lancer dans la pratique autonome. Vous serez assisté par un moniteur au décollage et à l'atterrissage, et en cas de problème sur l'eau. Il vous conseillera sur le réglage du matériel et vous indiquera la zone d'évolution la plus sûre et la plus adaptée à votre niveau. Les tarifs sont inférieurs à ceux des séances classiques, et vous pourrez prendre sereinement votre nouveau matériel en main.

Les formules club

Certaines écoles proposent des formules club dont les tarifs sont nettement inférieurs aux stages classiques et qui permettent aux jeunes de moins de dix-huit ans de s'entraîner toutes les semaines en dehors des vacances scolaires. Les centres d'entraînement régionaux et les pôles Espoirs sont destinés aux jeunes compétiteurs. Des formules existent également pour les adultes mais sont plus rares.

En pleine eau ou au départ de la plage ?

La pleine eau

De nombreuses écoles proposent des séances dites « en pleine eau », notamment pendant la période estivale, les plages étant très fréquentées. Dans ce cas, la mise à l'eau s'effectue depuis un bateau dans une zone où les pratiquants n'ont pas pied. Le temps de pratique est optimisé car tout au long de votre séance, vous disposez d'espace sans obstacle, et vous pouvez enchaîner les exercices. La dérive est moins contraignante en partant du large. Il faudra néanmoins compléter votre formation par l'apprentissage de la préparation du matériel et de la mise à l'eau au départ d'une plage. Assurez-vous d'être à l'aise dans l'eau, même loin du bord, avant de vous lancer.

Au départ d'une plage

Au départ d'une plage, vous apprendrez dans les mêmes conditions que lorsque vous serez en autonomie. Vous verrez comment préparer et décoller une aile sur la plage, gérer les obstacles et les autres pratiquants. Vous apprendrez aussi à disposer d'un espace plus restreint qu'en pleine eau et à vous replacer dans la zone de navigation afin de disposer d'une zone suffisamment grande pour réaliser les exercices.

Il existe une autre option, le départ en bateau vers une zone peu profonde. Cette configuration mixe les deux présentées précédemment. Vous pratiquerez dans un espace dégagé, avec peu d'obstacles, mais vous aurez pied.

Licence et assurance

Vous devez disposer d'une assurance responsabilité civile qui couvre les dommages causés à autrui, et il est fortement recommandé de disposer d'une assurance individuelle accident pour pratiquer le kitesurf. Informez-vous auprès de votre assurance pour connaître votre couverture.

Les écoles affiliées à la Fédération française de voile ou à la Fédération française de vol libre vous proposent une assurance responsabilité civile et une assurance individuelle accident en option avec une licence. Les formules vont de la licence à la journée pour participer à un cours à la licence annuelle pour les pratiquants réguliers, ou pour ceux qui souhaitent accéder à la compétition. Dans ce cas, un certificat médical est exigé. Les écoles du réseau Prokite proposent une assurance valable pour une année civile.

Il existe partout en France des associations de pratiquants qui organisent des événements tels que des tests de matériel, des rassemblements et compétitions. Elles permettent également de mettre en lien les pratiquants et d'organiser des covoiturages.

▶ SE PRÉPARER : LES BONS GESTES

▸ LA MÉTÉO

Comprendre certains phénomènes météorologiques aide à les anticiper pour naviguer en toute sécurité. Comme pour toute autre pratique nautique, informez-vous systématiquement sur la situation météorologique et son évolution, sur l'état de la mer et les marées. Observez attentivement le ciel et le plan d'eau, avant de vous mettre à l'eau, et tout au long de la navigation.

Le vent synoptique

Le vent se définit par un mouvement de l'air des zones de basse pression vers des zones de haute pression. Le vent synoptique est le vent donné par les cartes météo. Il est engendré par les dépressions, les anticyclones et leurs phénomènes associés, fronts, dorsales, thalwegs. Dans l'hémisphère nord, le vent tourne dans le sens des aiguilles d'une montre autour du centre dans l'anticyclone, et dans le sens inverse autour de celui d'une dépression. Il peut être localement modifié par des effets locaux et la brise thermique.

L'échelle de Beaufort (voir tableau ci-contre) permet d'estimer la force du vent.

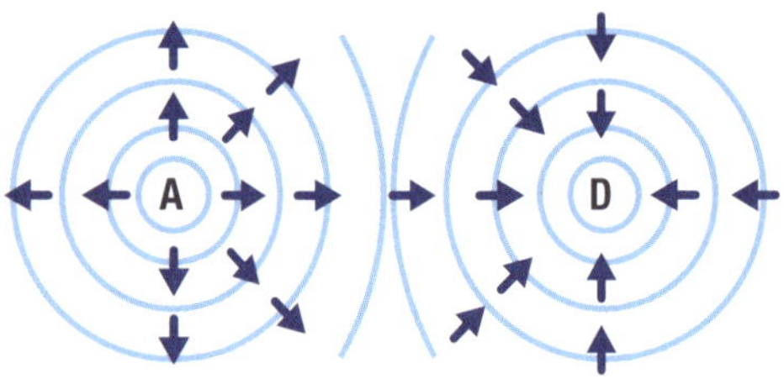

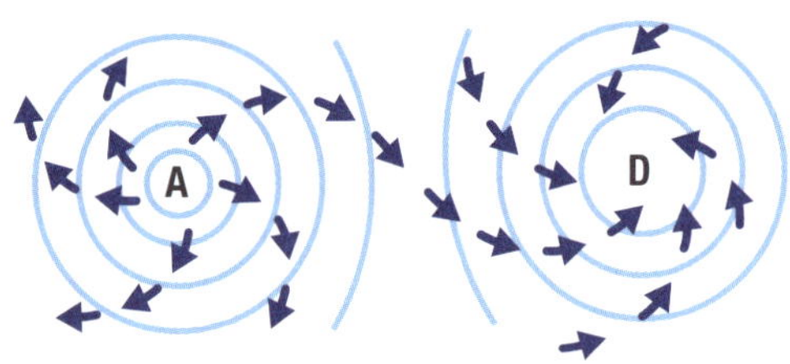

FORCE	TERME DESCRIPTIF	VITESSE (ND)	ÉTAT DE LA MER
0	Calme	< 1	La mer est lisse.
1	Très légère brise	1 à 3	Quelques rides apparaissent.
2	Légère brise	4 à 6	Vaguelettes ne déferlant pas, de 0,2 à 0,5 m.
3	Petite brise	7 à 10	Très petites vagues, les crêtes commencent à déferler.
4	Jolie brise	11 à 16	Petites vagues s'allongeant, moutons nombreux.
5	Bonne brise	17 à 21	Vagues modérées, beaucoup de moutons, embruns.
6	Vent frais	22 à 27	Crêtes d'écume blanche, lames, embruns.
7	Grand frais	28 à 33	Traînées d'écume, lames déferlantes, grosses vagues.
8	Coup de vent	34 à 40	Tourbillons d'écume à la crête des lames, traînées d'écume.
9	Fort coup de vent	41 à 47	Lames déferlantes grosses à énormes, visibilité réduite par les embruns, très grosses vagues.
10	Tempête	48 à 55	Conditions exceptionnelles : très grosses lames à longue crête en panache.
11	Violente tempête	56 à 63	Lames exceptionnellement hautes, mer recouverte d'écume. Vagues énormes.
12	Ouragan	> 63	La mer est entièrement blanche. Vagues gigantesques.

La brise thermique et les effets locaux

Sur les côtes basses, les effets de frottement du vent ont peu d'impact sur sa force et sa direction. En revanche sur les côtes moyennes et hautes, les effets de dévente et canalisation peuvent modifier considérablement la trajectoire et la force du vent.

Par beau temps, lorsque le vent synoptique est faible, les brises thermiques prennent le relais. Elles sont générées par les différences de températures entre la terre et la mer associées à une nébulosité faible et une instabilité au-dessus de la terre. Des cumulus bien formés sur la terre signalent cette instabilité de l'étage inférieur de l'atmosphère.

à retenir

La direction d'une brise thermique diurne a tendance à suivre le trajet du soleil, sa force augmente régulièrement dans l'après-midi et baisse en fin de journée. La vitesse de la brise diurne est de l'ordre de 10 à 20 nœuds. La nuit, le phénomène s'inverse, et la brise souffle de la terre vers la mer.

L'effet thermique est augmenté par une forte variation de la température du sol. La terre chauffe, l'air chaud s'élève et des cumulus apparaissent au-dessus des terres le long de la côte. La montée d'air chaud laisse la place à l'air frais de la mer qui souffle vers la côte, puis chauffe, et s'élève également. Le cycle du vent thermique est lancé.

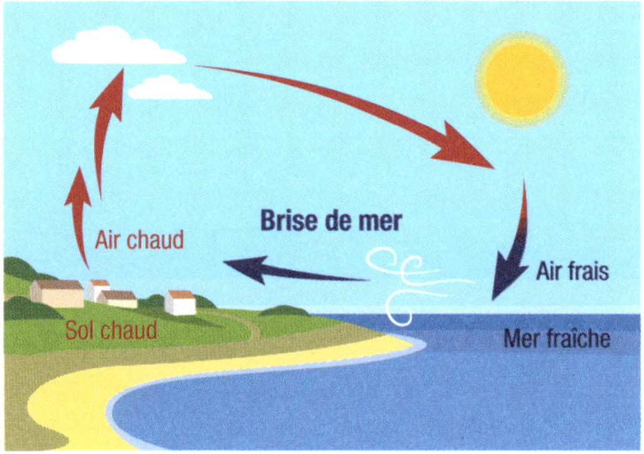

Le relief

La terre étant plus rugueuse que l'eau, le vent devient plus turbulent à l'approche des côtes. Le relief a une influence sur le vent, il peut l'accélérer, le ralentir et changer sa direction. Selon la hauteur des obstacles et la trajectoire du vent lorsqu'il atteint la côte, les phénomènes varient. Si, sur les côtes basses, les effets de frottement ont peu d'influence sur le vent, sur les côtes moyennes et élevées, les effets de canalisations engendrent de fortes variations.

Effet de coussin

Lorsque le vent attaque perpendiculairement une côte moyennement élevée, le relief est un obstacle pour les filets d'air qui vont devoir s'élever pour le franchir. Le vecteur vent n'est plus horizontal mais devient courbe et épouse la forme du relief. La déviation du courant aérien s'amorce bien en amont de l'obstacle. Plus le kitesurfeur s'approche de l'obstacle, plus le vent devient irrégulier et faiblit. Sous le vent de la côte, on trouve une dévente plus ou moins importante selon la taille de l'obstacle.
En revanche, si le vent attaque obliquement une côte moyenne ou élevée en venant du large, il est canalisé et se renforce le long du relief, et il n'y a pas de coussin au vent de l'obstacle.

L'effet venturi

Lorsque le vent est canalisé entre deux obstacles, il se crée un effet venturi par canalisation. Sa vitesse augmente au vent des obstacles, atteint sa vitesse maximum entre les deux, et baisse progressivement après avoir passé le goulet. La vitesse du vent à l'entrée du goulet est égale à celle à sa sortie.

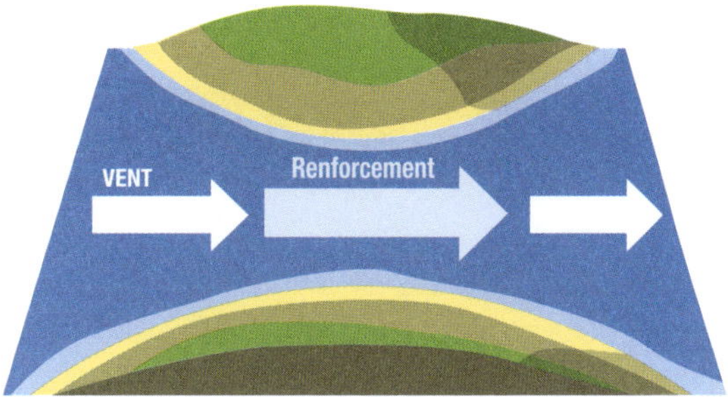

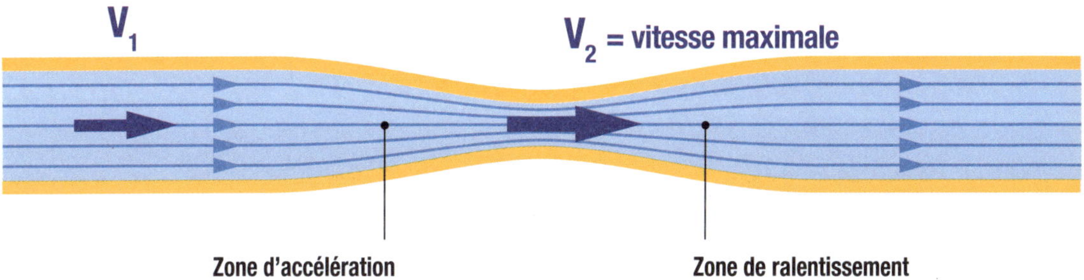

L'effet de cap

Un cap ou une pointe, s'ils sont assez élevés peuvent engendrer une forte variation de vent. Lorsque le vent est orienté perpendiculairement à la pointe, il est courbé en amont de l'obstacle et accélère sur la pointe. Sa vitesse peut doubler en intensité. Sous le vent du cap, le vent part en éventail et faiblit.

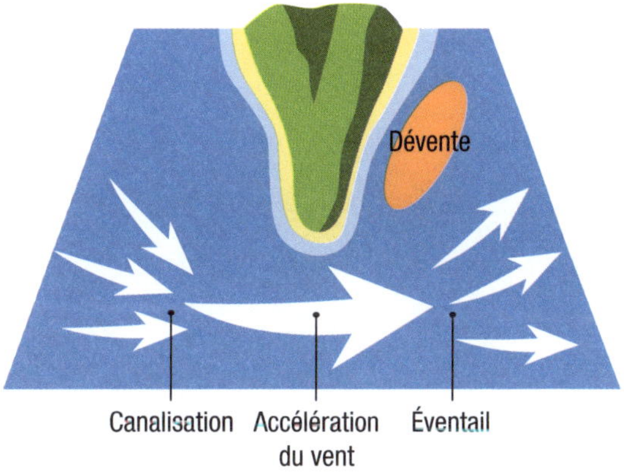

Les marées

La marée désigne le mouvement montant puis descendant des océans et des mers. Ce phénomène est dû à l'attraction combinée de la lune et du soleil sur la terre sur les particules d'eau de la terre. Elle est le résultat de l'attraction de la lune et du soleil sur la mer, mais également de la rotation de la Terre, générant une force centrifuge. Cette attraction dite gravitationnelle varie en fonction de la position de la lune et du soleil par rapport à la Terre : s'ils sont du même côté ou diamétralement opposés, il y aura une marée haute. S'ils sont situés à 90° l'un de l'autre, ce sera une marée basse.

Il y a quatre types de marée classés selon le nombre et la hauteur des pleines mers et des basses mers chaque jour. Selon les régions du monde, les marées sont diurnes c'est-à-dire qu'il n'y a qu'une pleine mer et une basse mer par jour, semi-diurnes, semi-diurnes à inégalités diurnes et mixtes. En France, les marées sont semi-diurnes, c'est-à-dire qu'on observe chaque jour deux pleines mers et deux basses mers ayant sensiblement la même hauteur. Le phénomène a lieu deux fois toutes les 24 heures 50, l'horaire se décale donc de 50 minutes par jour.

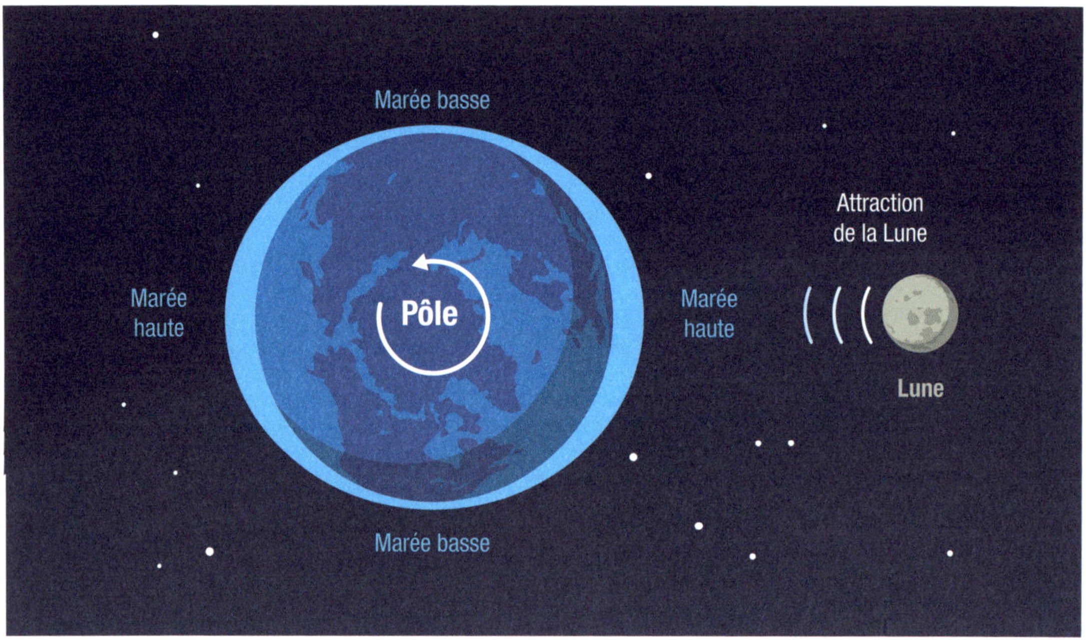

à retenir

Sur les côtes méditerranéennes, le marnage, c'est-à-dire la différence de hauteur d'eau entre une basse mer et une pleine mer successives est de 40 centimètres, alors que dans la baie du Mont-Saint-Michel, il peut atteindre exceptionnellement près de 14 mètres ! Le coefficient de marées, indicateur de l'amplitude des marées, va de 20 à 120.

L'état de la mer

On distingue la houle de la mer du vent. **La houle** provient d'un vent qui souffle ou a soufflé loin. Les vagues s'ordonnent progressivement et peuvent parcourir des milliers de kilomètres à travers les océans. Elle peut être combinée à une mer du vent créée par le vent qui souffle localement. **La mer du vent** provient de l'action du vent présent. La surface sur laquelle naissent les vagues est appelée l'aire génératrice.

à retenir

Selon votre niveau et votre discipline, vous rechercherez un plan d'eau plat, ou au contraire des vagues pour surfer. L'état de la mer est une donnée importante pour les pratiquants de tous niveaux, du débutant qui cherche un plan d'eau peu agité à l'expert surfeur qui recherche les meilleures vagues.
Selon les sites de pratique, il est essentiel de s'informer sur l'état de la mer pour s'assurer que les conditions sont praticables et adaptées à votre niveau.

Le courant

Un courant marin est un mouvement d'eau de mer régulier, continu et cyclique. Il est dû à l'action combinée des vents permanents qui poussent les eaux de surface, de la marée, de la force de Coriolis qui modifie sa direction, et de différences de température, de densité et de salinité. L'effet du courant se ressent en navigation, et a un effet sur l'état de la mer. La trajectoire de la planche est influencée par le sens et l'intensité du courant. Prenez en compte son orientation car il peut être un handicap ou un atout :

- si le courant est orienté comme le vent, il vous décale sous le vent, la dérive est accélérée et vous allez devoir redoubler d'effort pour revenir à votre point de départ ;
- si vent et courant sont opposés, vous gagnerez du terrain plus facilement. En revanche, le plan d'eau peut être haché, et la mer a tendance à se lever.

à retenir

Dans le raz Blanchard, au large de La Hague, il peut atteindre 10 nœuds, soit 5 mètres par seconde en cas de grande marée. C'est l'un des plus forts d'Europe.

Méfiez-vous des phénomènes locaux tels que les baïnes qui génèrent des courants intenses qui poussent au large. Elles se forment au gré du vent, des courants et des vagues. Repérez-les avant de vous mettre à l'eau. À marée

basse, observez les creux sur la plage où un peu d'eau stagne. Les plus grands creux peuvent atteindre jusqu'à 100 mètres de large et plus de 4 mètres de profondeur. Quand les baïnes se remplissent, elles ressemblent à des piscines entre la côte et un banc de sable.
Le danger survient quand elles se recouvrent, et que l'eau s'en échappe violemment. Cela provoque un courant de sortie de baïne, ou d'arrachement qui pousse vers le large. Lorsqu'elles sont recouvertes, la zone de courant est celle où les vagues ne déferlent pas. Si vous êtes pris dans le courant, ne nagez surtout pas face à lui, mais latéralement pour vous en sortir plus vite, ou laissez-vous porter jusqu'à en sortir, et rejoignez la côte sur les côtés là où les vagues déferlent.

à retenir

En Bretagne et en Manche, les baïnes sont aussi appelées bâches.

Les nuages et leur effet sur le temps

Observer, reconnaître les nuages vous permettra de suivre le passage d'une perturbation, et d'anticiper les effets de leur passage sur le temps, l'intensité et la direction du vent. Il existe différents types de nuages, que l'on classe selon leur forme, stratiforme ou cumuliforme, et leur altitude.

De haute altitude : ils se forment au-dessus de 5 000 mètres dans la région froide de la troposphère. Ils sont composés de cristaux de glace. Ils portent le préfixe *cirro* ou *cirrus*.

De moyenne altitude : ils se forment entre 2 000 et 7 000 mètres. Ils sont formés de gouttelettes. Ils portent le préfixe *alto* et *nimbo*.

De basse altitude : ils se situent jusqu'à 2000 mètres. Lorsqu'ils rencontrent la terre, ils deviennent brouillard. Leur nom contient *strato* ou *stratus*.

Les principaux nuages

Les cumulonimbus : de 2 000 à 15 000 mètres, ils sont énormes, très sombres et en forme d'enclume. Ce sont des cumulus qui annoncent le mauvais temps, les intempéries, telles que la pluie, la grêle sous forme d'averses, et des vents violents. Ils provoquent également les orages.

Les cirrostratus : de 5 000 à 13 000 mètres, ils se présentent sous la forme d'un voile nuageux qui peut, dans certains cas, couvrir totalement le ciel. Il se trouve fréquemment à l'avant d'un front chaud, et annonce une baisse des températures, une augmentation de l'humidité et de la vitesse du vent.

Les cirrus : de 6 000 à 12 000 mètres, ils se présentent sous forme de filaments blancs fins et transparents. S'ils sont suivis de cirrostratus, ils annoncent l'arrivée d'une dépression. Lorsqu'ils s'épaississent, ils annoncent l'arrivée d'un front chaud et donc de la pluie dans les douze heures.

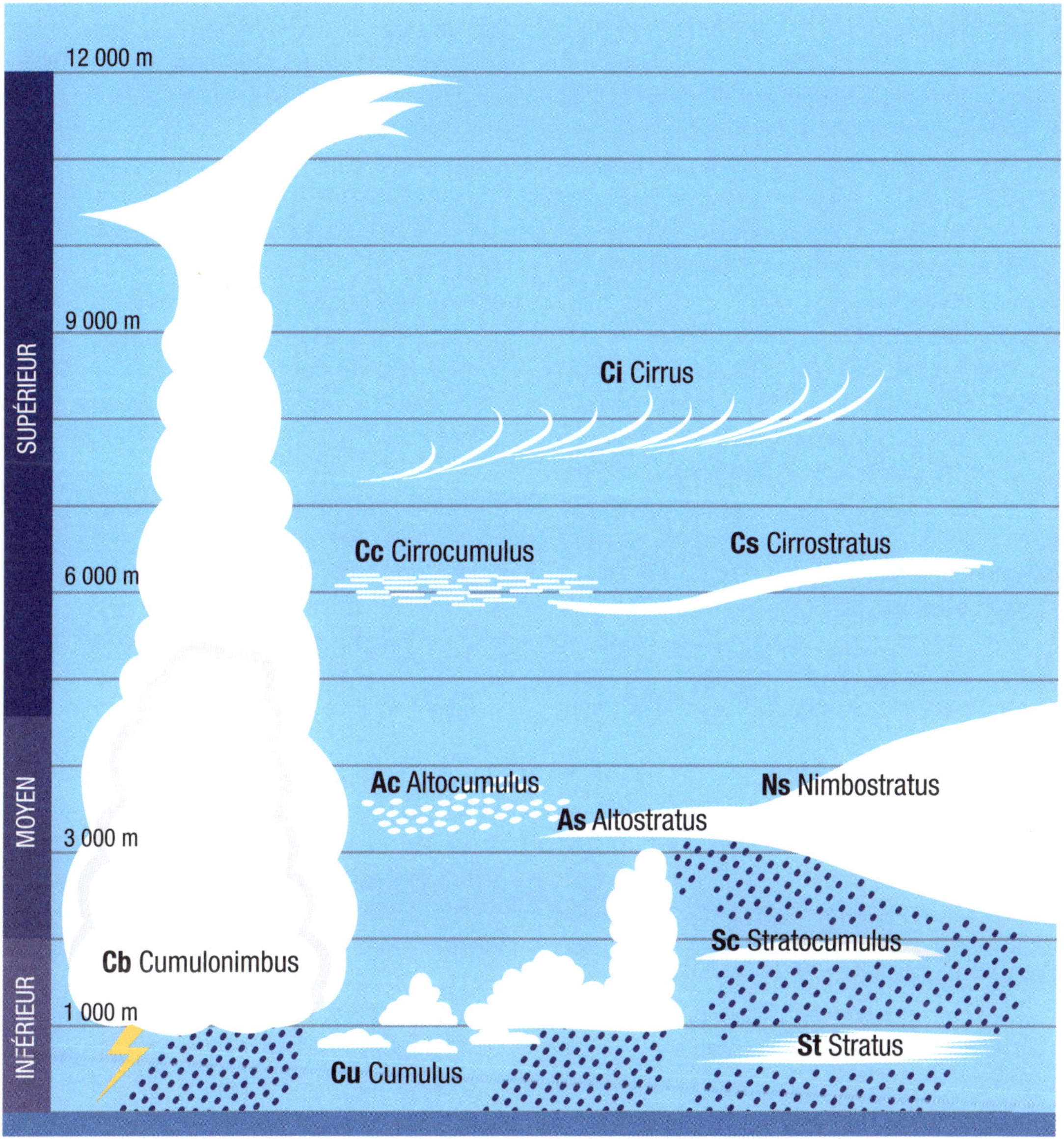
12 000 m
9 000 m
6 000 m
3 000 m
1 000 m
SUPÉRIEUR
MOYEN
INFÉRIEUR
Ci Cirrus
Cc Cirrocumulus
Cs Cirrostratus
Ac Altocumulus
Ns Nimbostratus
As Altostratus
Sc Stratocumulus
Cb Cumulonimbus
St Stratus
Cu Cumulus

Les cirrocumulus : de 5 000 à 13 000 mètres, ces petits nuages blanchâtres ressemblent à des balles. Ils forment une couche très mince. Ils sont souvent annonciateurs d'une dégradation.
Les altocumulus : de 2 000 à 6 000 mètres, ils ont la forme de galets disposés en bancs, et sont blancs ou gris. Ils annoncent un changement de temps. Ils peuvent être à l'origine de faibles ondées.
Les cumulus : de 300 à 3 000 mètres, ils ressemblent à des choux-fleurs car leur partie supérieure bourgeonne, et présente un contour bien délimité. Ces nuages sont plutôt signe de beau temps, et annoncent les vents thermiques. Mais si l'air est très instable, ils bourgeonnent et se développent verticalement, et peuvent devenir cumulonimbus.
Les altostratus : de 2 000 à 5 000 mètres, ils forment une nappe grisâtre, ils ressemblent aux cirrostratus. Ils couvrent partiellement ou entièrement le ciel et, lorsqu'ils sont épais, donnent lieu à des précipitations.
Les nimbostratus : de 300 à 5 000 mètres, ils sont souvent formés de plusieurs couches sans forme définie, et de couleur gris foncé. Quand ils apparaissent, les précipitations sont proches. Ils provoquent des pluies qui peuvent durer toute la journée.
Les stratocumulus : de 300 à 2 500 mètres, ce sont des couches régulières de nuages gris ou blanchâtres. Ils annoncent un temps couvert sans précipitations, ou avec de très faibles précipitations.
Les stratus : de 0 à 500 mètres, ils forment une couche vaste et grise de nuages bas. Leurs contours sont irréguliers. Ils se transforment en brouillard au contact du sol. Ils peuvent produire de la bruine ou un peu de neige.

Les nuages dont il faut absolument se méfier !

Tant que les nuages cumuliformes tels que les cumulus restent de petite taille, ils ne représentent pas de danger. En revanche s'ils ont une extension verticale importante, il faut s'en méfier.

› Le *cumulus congestus*, ou bourgeonnant

Il est à surveiller car il est très souvent associé à des cumulonimbus. Plus haut que large, il a la forme d'un chou-fleur allongé et donne lieu à des averses de pluie mais pas de foudre. C'est le dernier stade de développement du cumulus avant qu'il ne devienne un cumulonimbus.

› Le cumulonimbus

Il est le plus haut, le plus puissant et le plus dangereux des nuages. Il témoigne d'une forte instabilité, sa taille pouvant atteindre jusqu'à 18 kilomètres dans les cas extrêmes. Il provoque orages, pluies diluviennes et vents violents. Il accélère, ralentit ou dévie le vent général.
Les cumulonimbus sont à l'origine des grains, événements météorologiques au cours desquels le vent forcit subitement et change

nettement de direction. Un grain dure généralement quelques minutes, mais les rafales et les précipitations peuvent être violentes!
Le grain noir est le plus courant, il est annoncé par des cumulonimbus très sombres. Si vous voyez un grain au vent en navigation, anticipez votre retour à terre pour vous abriter avant son passage.

à retenir

Le grain blanc est soudain et très violent. Il n'y a pas vraiment de signes annonciateurs, seul un nuage blanc peut l'annoncer. Il n'apporte pas de précipitations et le ciel qui l'accompagne est clair, comme son nom l'indique. Rassurez-vous, ce phénomène est très rare.

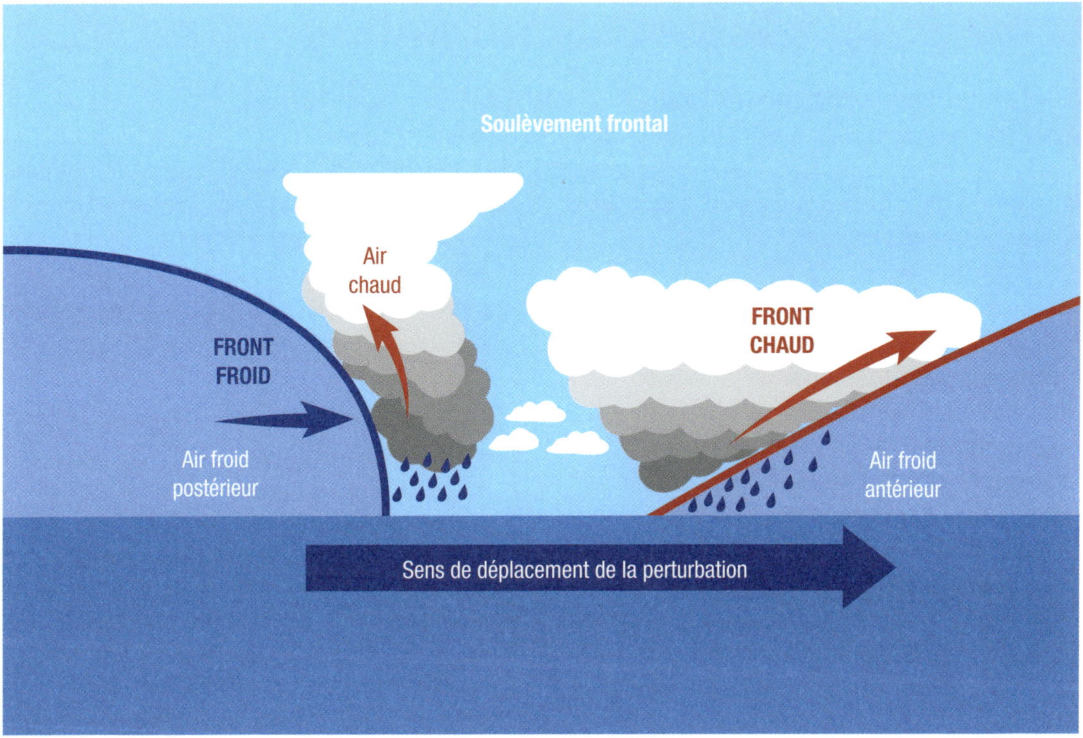

▸ CHOISIR SON SITE DE PRATIQUE

Les sites de pratique du kitesurf se trouvent en bord de mer mais également sur les plans d'eau intérieurs. Certains possèdent une réglementation spécifique limitant les zones d'accès et d'évolution. Pour choisir votre spot, vous devez analyser les conditions météorologiques, vous renseigner sur la réglementation, les zones protégées mais aussi sur les dangers, et les autres usagers. Soyez respectueux du milieu naturel, et agissez concrètement pour minimiser votre impact sur les milieux fragiles.

S'informer sur la réglementation

Avant de vous rendre sur le spot, assurez-vous que la pratique est autorisée. Informez-vous sur la réglementation et la présence ou non de zones dédiées au kitesurf.

La division 240

Elle précise la réglementation du kitesurf sur le domaine public maritime. La navigation est autorisée jusqu'à 2 milles d'un abri, soit 3 724 mètres, et de jour. La navigation de nuit est strictement interdite. Au-delà de 300 mètres, le pratiquant doit porter le matériel d'armement de sécurité basique. En kitesurf, il faut disposer d'une aide à la flottabilité et d'un moyen de repérage lumineux d'une autonomie d'au moins 6 heures. Vos nom, numéro de téléphone, et courriel doivent être inscrits sur l'aile et la planche.

Les zones techniques

Sur le littoral, les communes établissent des zones techniques pour préparer le matériel, décoller et atterrir, ainsi qu'un chenal de mise à l'eau. Ces zones permettent de sécuriser la pratique et garantissent une meilleure cohabitation entre usagers du site. Les restrictions s'appliquent surtout l'été.

Quand vous arrivez sur un site, consultez les affichages et regardez le plan d'eau pour localiser les chenaux, les zones dédiées au kitesurf, à la baignade et aux autres activités. Repérez la zone de navigation.
S'il n'y a aucune réglementation ou interdiction, observez les autres kitesurfeurs et la configuration du site pour choisir une zone dégagée, adaptée à la préparation du matériel, au décollage et à la mise à l'eau.

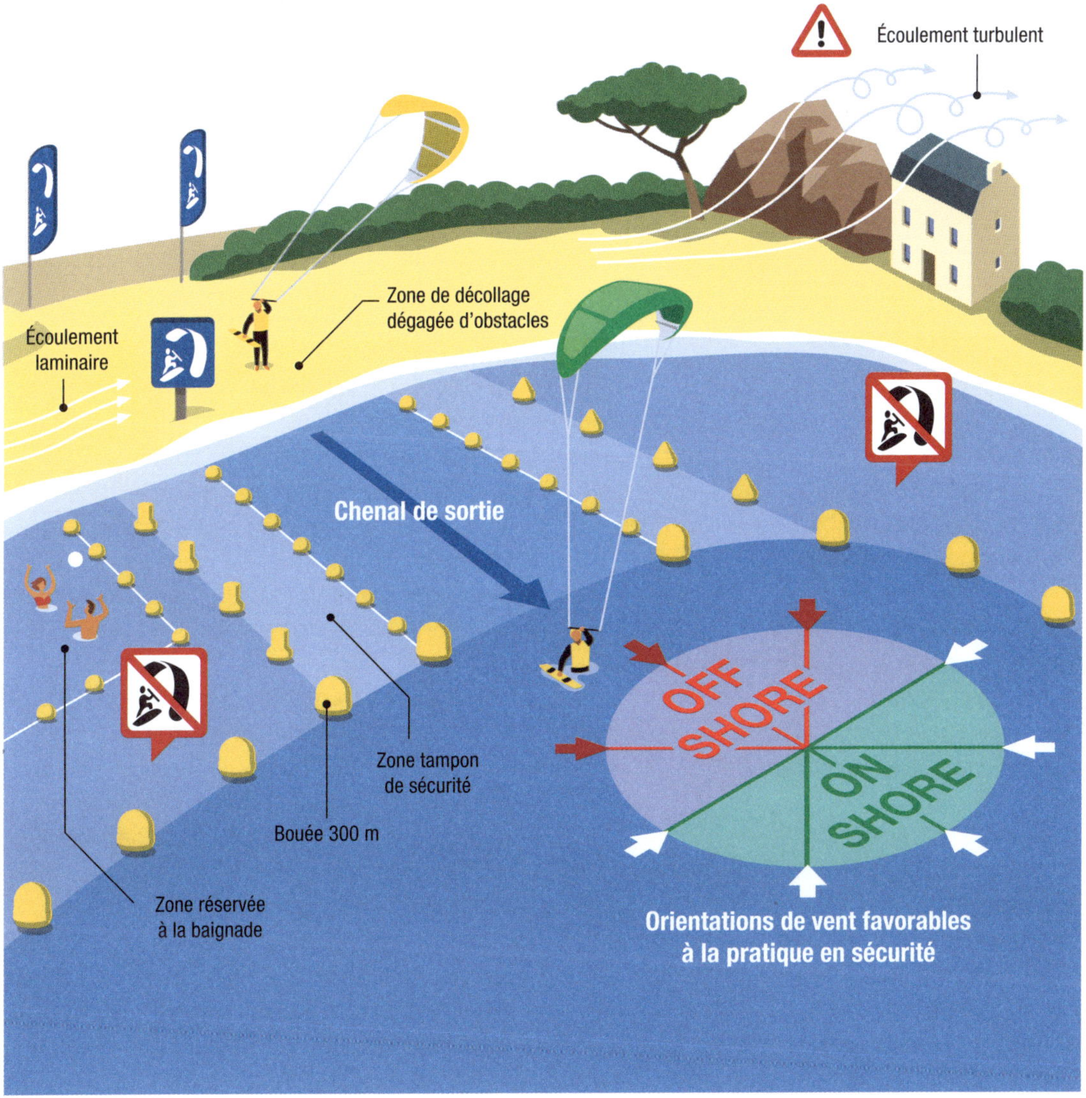
Écoulement turbulent
Écoulement laminaire
Zone de décollage dégagée d'obstacles
Chenal de sortie
OFF SHORE
ON SHORE
Zone tampon de sécurité
Bouée 300 m
Zone réservée à la baignade
Orientations de vent favorables à la pratique en sécurité

Analyser l'orientation et la régularité du vent

L'orientation et la régularité du vent sont des paramètres essentiels dans le choix de votre spot. Il faut toujours naviguer dans des conditions de vent onshore, c'est-à-dire avec un vent venant de la mer, voire sideshore (de côté). Le vent doit vous pousser vers un abri en cas de problème et il est préférable de rester à faible distance du bord. Choisissez un spot où le vent est un maximum stable et régulier. Assurez-vous qu'il ne soit perturbé par aucun obstacle.

Naviguer par vent de terre (offshore) sans assistance sur l'eau est à proscrire en kitesurf car le vent pousse vers le large en cas de problème. De plus, il est souvent irrégulier car perturbé par des obstacles à terre.

La marée et les courants

Prendre la marée et anticiper son évolution vous donne de précieuses informations sur l'accessibilité du site de pratique, la hauteur d'eau dans la zone de navigation, et le courant.

Accessibilité du spot

Certains sites ne sont praticables qu'à marée basse car l'espace sur la plage est trop restreint à marée haute pour décoller et atterrir en sécurité. D'autres, parce qu'une dévente provoquée par un obstacle au vent à marée haute, rend le décollage, la mise à l'eau et la navigation au bord impossibles. Sur d'autres sites, il faut à l'inverse attendre que la mer monte pour naviguer, en raison des dangers à marée basse, ou tout simplement parce qu'il n'y a pas d'eau, comme dans certaines lagunes.

Prendre la marée vous permettra de savoir à quel moment vous disposerez de suffisamment d'espace sur la plage pour préparer votre matériel, décoller et atterrir en fin de navigation.

La hauteur d'eau et le courant

La hauteur d'eau évolue suivant la règle des douzièmes. Au début de chaque cycle de marée, la mer monte ou descend doucement. Au cœur de la marée, le courant créé est plus fort, et à la fin il se radoucit. Le courant généré par la marée montante est appelé le flot, celui créé par la descendante, le jusant.

Repérer les dangers, les obstacles, et observer les autres usagers

Repérez les obstacles à terre et en mer : bateaux au mouillage, balises, épaves, rochers, hauts-fonds, récifs… Observez également les autres usagers du site à terre et en mer, avant de choisir la zone de préparation et de décollage. Repérez les abris possibles sous le vent en cas de problème et de dérive. Choisissez une zone de préparation et de mise à l'eau dégagée de tout obstacle au vent et sous le vent pour éviter les turbulences.

Questionnez les pratiquants locaux sur les particularités du spot et observez si vous le pouvez le site à marée basse. Il vous dévoilera toutes ses particularités : rochers, parc à huîtres et autres dangers.

Respecter le milieu naturel

Respectez le milieu naturel dans lequel vous pratiquez. Informez-vous sur les zones protégées et celles autorisées pour la pratique, et sur les habitats, la faune et la flore présents sur votre spot.

Afin de minimiser votre impact et d'éviter de déranger des espèces :

▸ utilisez uniquement les sentiers balisés pour préserver le site du piétinement ;

▸ pour préparer votre matériel et décoller, éloignez-vous au maximum du haut de plage où des oiseaux peuvent nicher, et où vous pouvez piétiner la dune embryonnaire. C'est par ailleurs mieux pour votre sécurité ;

▸ naviguez à distance des mammifères et groupes d'oiseaux qui se reposent sur les îlots, l'eau, ou la plage. Les signes de dérangement sont les cris, l'agitation, l'envol et les mises à l'eau. Si vous les observez, vous êtes passé trop près ;

▸ ramassez les déchets sur le littoral et dans l'eau dès que vous le pouvez, et n'abandonnez bien évidemment pas les vôtres.

à retenir

Pour votre sécurité et celle des autres usagers du site, vous devez connaître les numéros d'urgence :

- 196 pour les urgences en mer exclusivement, vous serez mis en relation avec le Cross ;
- 112 en cas d'urgence à terre.

▸ NOTIONS D'AÉRODYNAMIQUE

Le kitesurf utilise une aile qui est soumise aux lois de l'aérodynamique. Nul besoin de devenir expert pour pratiquer, néanmoins quelques notions vous permettront de comprendre pourquoi une aile de kitesurf vole et de mieux analyser votre pilotage. Ces notions théoriques sont un complément à la pratique.

Les forces aérodynamiques

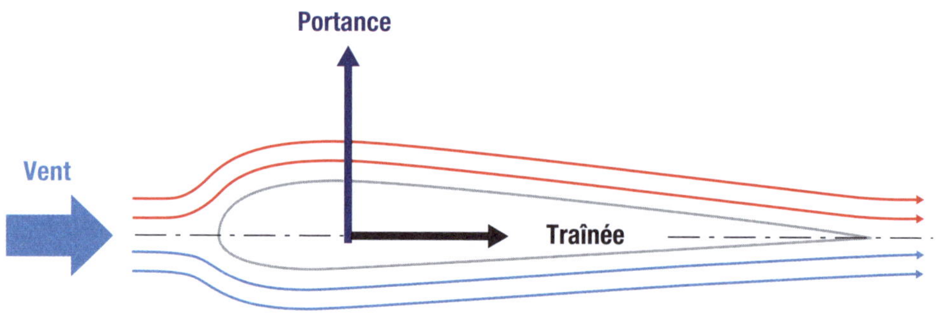

La traînée

C'est la force opposée à la direction d'un objet dans un fluide, et parallèle à l'axe de l'écoulement. Elle s'exerce donc dans le sens opposé à la vitesse de l'aile dans l'air. Elle agit comme une force de frottement, c'est la résistance à l'avancement. Elle est proportionnelle à la surface exposée au vent. Diminuer la traînée offre des meilleures qualités de vol.

La portance

C'est la force perpendiculaire au flux de l'air, au vent relatif, et orientée vers l'extrados. C'est une force qui s'oppose à la gravité. Elle est perpendiculaire à l'écoulement, à la direction du mouvement. Elle résulte des différences de vitesse, et donc de pression entre face supérieure et face inférieure de l'aile.

La résultante des forces aérodynamiques

L'addition de la portance et de la traînée est appelée résultante des forces aérodynamiques. Elle s'exerce dans la direction opposée au poids.

Le poids

C'est la force exercée par le pilote et son matériel dans la direction opposée à la résultante aérodynamique. Elle permet d'équilibrer les forces aérodynamiques.

Les écoulements

L'écoulement laminaire : c'est le plus simple, les filets d'air circulent en ligne droite ou sont légèrement déviés Leur direction est claire. Lorsque l'écoulement est laminaire, la portance est générée vers le haut.

L'écoulement turbulent : les filets d'air sont instables et leur parcours n'est pas clair. Il apparaît derrière le point de décollement et peut engendrer le décrochage de l'aile. L'écoulement turbulent est l'ennemi de la portance.

Pourquoi une aile vole ?

La portance est la force verticale qui permet à une aile de décoller et de la maintenir en vol. Elle est provoquée par l'effet du vent sur l'aile. Cette réaction du vent sur l'aile permet le vol. Deux phénomènes engendrent cette réaction : lorsque le vent passe sous l'intrados, face inférieure de l'aile, l'espace se rétrécit et la pression de l'air augmente. Cette surpression sous l'aile la pousse vers le haut. Mais le principal phénomène qui génère la portance est l'accélération de l'air sur l'extrados. En effet, lorsque l'air atteint le bord d'attaque, il est comprimé et accélère quand il longe la face supérieure, l'extrados. Cela crée une dépression. Cette différence de pression entre intrados et extrados engendre une force verticale dirigée vers le haut, appelée la portance. L'aile est aspirée, tirée vers le haut.

Pourquoi une aile décroche ?

On dit que l'aile décroche, quand elle recule dans la fenêtre de vol, qu'elle se déplace du côté du bord de fuite. C'est une situation fréquemment rencontrée par les débutants qui ont le réflexe de s'agripper à la barre et de border dans toutes les situations. Pour comprendre pourquoi une aile décroche et comment l'éviter, il faut comprendre les effets de l'angle d'incidence sur l'écoulement de l'air.

De l'angle d'incidence…

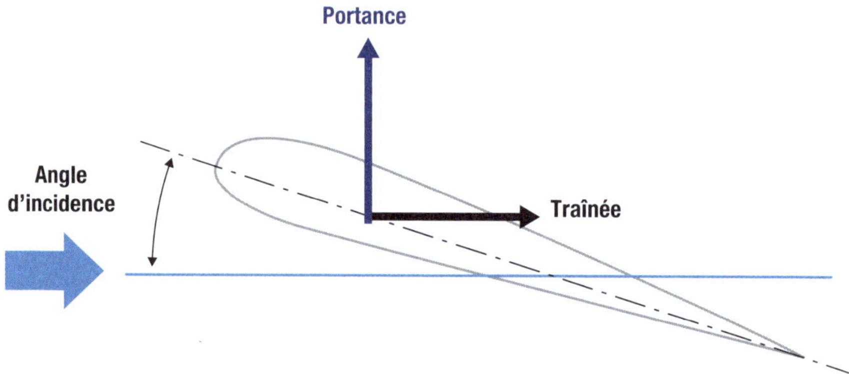

L'angle d'incidence est l'angle formé par le vent relatif, vent subi par un objet en mouvement, et la corde du profil, ligne imaginaire qui relie le bord d'attaque au bord de fuite. Cet angle dépend du profil de l'aile, de son rapport entre aspect, proportions entre la surface du kite et son envergure, et d'autres facteurs.

… jusqu'à l'incidence maximale

L'angle d'incidence maximale varie selon les profils d'aile : plus il augmente, plus la portance va être forte, plus l'aile est freinée. La traînée augmente, la portance également, jusqu'à un certain point. Si on dépasse une certaine incidence, le flux d'air sur l'extrados n'est plus régulier, l'écoulement devient turbulent. Cela génère une baisse de la portance, et une forte traînée. L'aile peut freiner, s'arrêter, et selon l'angle, décrocher, c'est-à-dire reculer.

Pour que l'aile puisse avancer du côté du bord d'attaque et reprendre de la vitesse, il faut diminuer l'angle d'incidence en choquant la barre.

En kitesurf, le décrochage de l'aile engendre une baisse de la portance et de la traction. Il peut être provoqué par des erreurs de pilotage. Tirer sur la barre peut freiner, arrêter, et faire décrocher une aile. Border n'est donc pas toujours synonyme de puissance et de traction, et le bon dosage du point de tension est un élément essentiel à la bonne utilisation d'une aile de kitesurf. Il peut également s'agir d'un mauvais réglage de l'aile. Pour vérifier si l'aile est bien réglée, positionnez-la au zénith et bordez au maximum. L'aile doit être à la limite du décrochage, mais ne doit pas reculer. Si elle recule, tirez sur le trim pour qu'elle soit moins bordée en butée basse de la barre et qu'elle ne recule plus.

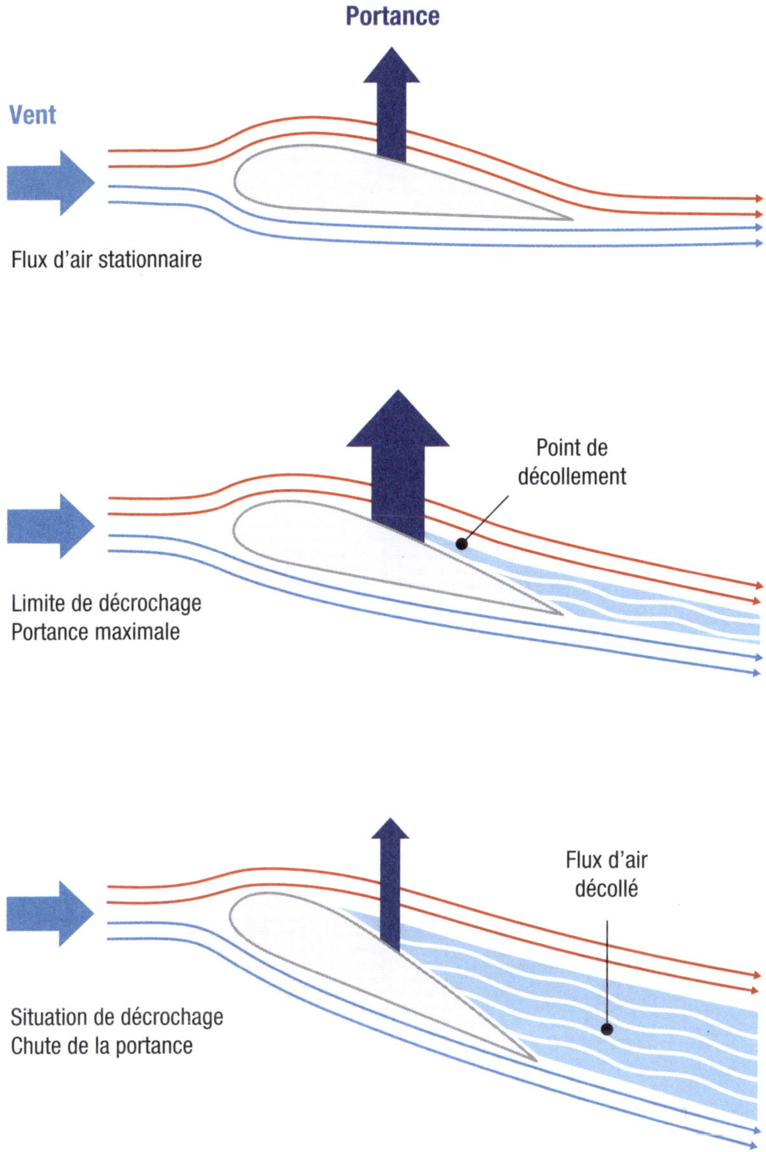
Portance
Vent
Flux d'air stationnaire
Point de décollement
Limite de décrochage
Portance maximale
Flux d'air décollé
Situation de décrochage
Chute de la portance

PRÉPARER SON MATÉRIEL

Une préparation minutieuse de l'aile et un réglage adapté du matériel sont essentiels au confort et à la sécurité en navigation. Monter une aile de kite n'a rien de complexe, néanmoins il faut être concentré et respecter certaines règles de base. Choisissez une zone dégagée, où le vent est stable.

Gonfler et sécuriser son aile

Avant de choisir la zone de préparation, repérez la direction du vent et les dangers. Assurez-vous de disposer d'un espace suffisant pour préparer votre aile et la décoller.

Positionnez-vous vent dans le dos et aile face à vous tout au long cette étape.

Dépliez votre aile et positionnez le bord d'attaque perpendiculairement au vent, extrados de l'aile posé sur le sable. Pensez à fermer la sangle de dégonflage. Accrochez votre pompe au centre du bord d'attaque avant de commencer à gonfler.

Le gonflage doit s'effectuer le buste droit, les jambes fléchies. Utilisez un nanomètre pour respecter les recommandations de pression des fabricants. Une fois que l'aile est gonflée, retournez-la et posez-la sur la plage, bord d'attaque plaqué au sol et face au vent. Manipulez toujours l'aile avec le vent dans le dos, et en saisissant le bord d'attaque au centre, une main à l'intérieur, et l'autre à l'extérieur. N'attrapez jamais une aile par les lignes ou le bridage. Sécurisez votre aile avec du sable ou un poids de chaque côté de la latte centrale. Plus le vent est fort, plus il faudra charger.

Une fois votre pompe accrochée à l'aile, ne la lâchez surtout pas ! Avant de commencer à gonfler, reculez de quelques pas afin de maintenir le leash de pompe, cordon reliant la pompe à l'aile, en tension.

Pour retourner votre aile, positionnez une main au-dessus du milieu du bord d'attaque, l'autre main en dessous. soulevez-la, appuyez une oreille au sol, puis accompagnez sa bascule.

❶ Gonfler son aile

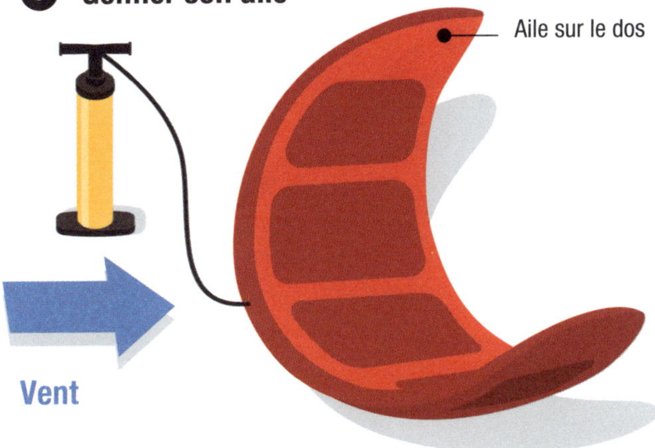

❷ Poser son aile

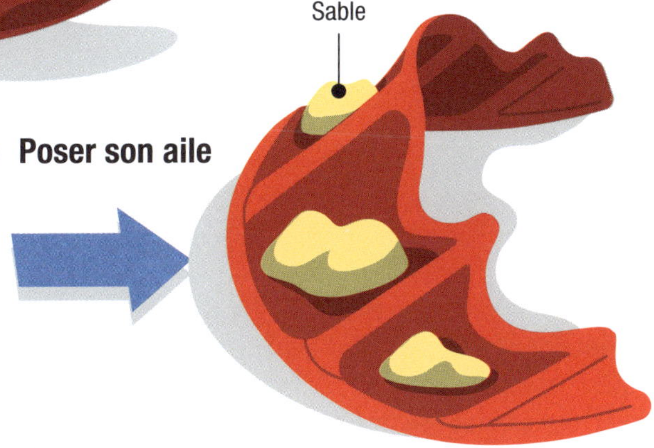

❸ Connecter son aile

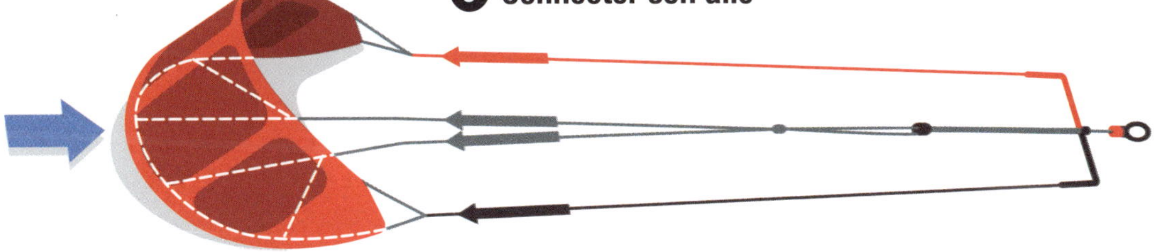

Démêler et connecter les lignes

Il y a deux méthodes de connexion : dérouler les lignes au vent, ou sous le vent de l'aile. Selon l'option choisie, vous connectez votre barre à l'endroit ou à l'envers. Sur certains spots, vous n'aurez pas le choix du côté, d'où l'intérêt de maîtriser les deux façons de faire. Si vous le pouvez, optez pour un déroulage des lignes sous le vent, vous verrez plus facilement si le bridage est clair au moment de connecter.

▸ Partez toujours de votre aile pour dérouler les lignes. Dirigez-vous au vent, ou sous le vent selon la configuration de la zone de préparation. Si vous optez pour la connexion sous le vent, vous posez la barre à l'envers. Si vous connectez au vent, vous la posez à l'endroit.

▸ Démêlez vos lignes dans l'axe du vent. Partez de la barre et allez vers les extrémités, les quatre lignes positionnées entre les doigts, et les deux lignes avant entre les jambes. Pour faciliter le démêlage, utilisez une main pour tendre et lisser les lignes. Quand les lignes sont claires, espacez-les franchement pour éviter toute confusion ou croisement.

▸ Vérifiez qu'il n'y a pas de nœuds dans le bridage de l'aile avant d'y connecter les deux lignes avant, puis connectez vos arrières au niveau des oreilles de l'aile. Le seul nœud à connaître pour monter est la tête d'alouette. Assurez-vous que chaque nœud est serré et bien positionné.

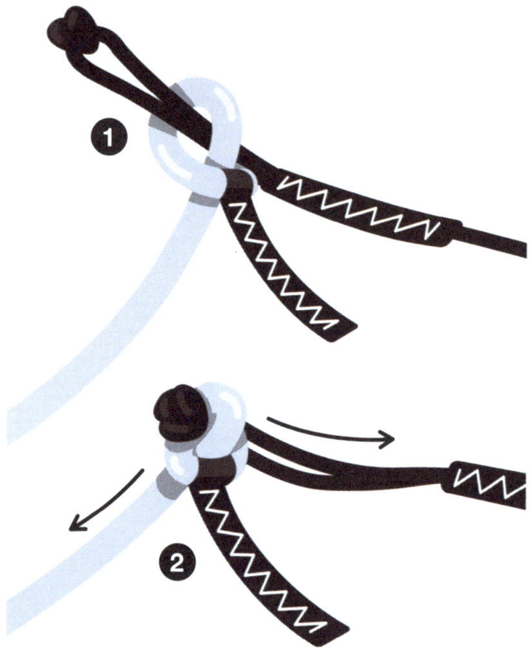

Régler son matériel

L'aile

Le trim : le réglage d'une aile de kitesurf s'effectue essentiellement avec la sangle de trim. En tirant sur la poignée vous raccourcissez les lignes avant, en le relâchant, vous les allongez. On l'utilise pour régler le point de tension, endroit sur le bout de border choquer où les lignes arrière rentrent en tension. À partir de ce point, on ressent la pression dans la barre, et on commence à contrôler la direction de l'aile.

à retenir

Le meilleur moment pour effectuer le réglage est avant le décollage, l'aile maintenue en bord de fenêtre par l'assistant. Avec l'expérience, vous pourrez effectuer un préréglage au montage, et l'affiner avec l'aile en vol. Le point de tension doit se situer en dessous du centre du bout de border choquer pour garantir au pilote contrôle et confort.

Les lignes arrière: selon les modèles, vous avez plusieurs choix de connexion pour les lignes arrière au niveau des oreilles de l'aile. Si vous les connectez au nœud le plus à l'extrémité du bord d'attaque, votre aile tourne plus vite et il y a moins de pression dans la barre. Si vous les connectez au nœud le plus éloigné de l'extrémité, la pression en barre est plus forte, et l'aile tourne plus lentement.

La planche

› Serrer les footstraps

Assurez-vous que les sangles sont ajustées à la taille de vos pieds avant le décollage. Vous devez pouvoir chausser sans forcer, vos pieds doivent être centrés sur le pad et seuls vos orteils doivent dépasser.

› Régler l'écartement des pads

Plusieurs réglages sont possibles sur les planches twin-tip. Il faut les adapter à votre gabarit, à votre style de navigation et au plan d'eau. Pour trouver l'écartement qui vous correspond et effectuer un premier réglage, vous pouvez faire un petit saut et atterrir accroupi. Il faut l'ajuster ensuite en fonction de vos sensations en navigation. Un écartement plus faible peut apporter du confort de navigation sur les plans d'eau clapoteux, car il y a moins d'enfournement et de projections d'eau. Un écartement plus important est adapté pour naviguer sur des plans d'eau plats, il apporte un meilleur crantage, et plus de stabilité, notamment dans les réceptions de saut.

› Ajuster l'angle des pads et footstraps

Le réglage se fait en fonction de votre position naturelle. Un bon moyen de trouver l'angle qui vous correspond est d'observer la position de vos pieds quand vous faites des squats. Elle doit être confortable. Si vous ressentez une gêne au niveau de l'extérieur des pieds en navigation, l'angle est insuffisant.

› Le harnais

Serrez les sangles afin que le crochet appelé boucle de harnais soit maintenu et centré. Il ne doit pas y avoir de jeu dans la boucle, mais elle ne doit pas non plus vous compresser l'abdomen.

S'ÉCHAUFFER

Très souvent oublié par les pratiquants impatients de glisser, l'échauffement est pourtant indispensable pour préparer votre corps à l'effort et minimiser les risques de blessure. Même si vous êtes très pressé de naviguer, prenez le temps de vous échauffer avant chaque session.

Même si vous vous êtes préparé physiquement pour pratiquer le kitesurf, il est indispensable de vous échauffer systématiquement avant la mise à l'eau. Les bénéfices de l'échauffement sont nombreux, il vous permet de préparer votre corps à l'effort en augmentant progressivement sa température, de lubrifier vos articulations, d'améliorer vos performances, de minimiser les risques de blessure et de vous mettre en confiance. Il permet d'augmenter progressivement la température du corps et apporte une meilleure amplitude dans les mouvements.

à retenir

Si l'échauffement est bien réalisé, vous éprouvez une accélération de la respiration et un léger essoufflement, une augmentation du rythme cardiaque, une sensation de chaleur et vous transpirez.

Sa durée

L'échauffement devant s'effectuer au maximum dix minutes avant l'effort, c'est sur la plage, après avoir préparé votre matériel, que vous le ferez. Il doit être complet, progressif, et durer au minimum dix à quinze minutes pour être efficace.

Les étapes d'un bon échauffement

L'échauffement articulaire : en position debout, mobilisez les différentes articulations du haut vers le bas : cervicales, épaules, poignets, rachis, hanches, genoux, chevilles. Effectuez une série de dix rotations dans un sens puis dix dans l'autre pour chaque articulation. Augmentez progressivement l'amplitude des mouvements.

L'échauffement cardiovasculaire : complétez avec un footing d'au moins cinq minutes pour échauffer votre système cardiovasculaire, autre étape essentielle. Vous pouvez également réaliser des exercices sur place, tels que des flexions-extensions, des talons-fesses, des montées des genoux.

Des étirements dynamiques du type montée des genoux ou talons-fesses sont un bon complément pour l'échauffement à condition qu'ils soient réalisés en douceur et bien maîtrisés, car ils présentent des risques s'ils sont mal exécutés. Ils permettent de gagner en mobilité et participent à l'élévation de la température musculaire.

! attention

Les étirements statiques sont en revanche déconseillés avant l'effort car ils peuvent faire baisser la température et la réactivité musculaires. Pratiquer ce type d'étirement est recommandé après une séance de sport, mais pas immédiatement, surtout si l'effort a été intense. Attendez quelques heures avant de vous étirer pour ne pas aggraver des lésions musculaires. Les étirements statiques contribuent à diminuer la douleur et à améliorer l'état de relaxation, mais contrairement aux idées reçues, pas à prévenir les risques de blessure.

Les bons réflexes

Hydratez-vous avant, pendant et après l'effort. N'attendez pas d'avoir soif, pendant l'effort buvez régulièrement des petites quantités d'eau.

Protégez-vous du soleil : utilisez des crèmes ne contenant pas de composants nocifs pour les coraux et la vie marine. Pour le visage, privilégiez les sticks qui adhéreront davantage à la peau et garantiront une meilleure protection !

Faites de votre échauffement une routine entre la préparation et la mise à l'eau. C'est le meilleur moyen d'améliorer vos performances, de minimiser les risques de blessure et de vous mettre en confiance ! Même si un échauffement a été réalisé à terre, commencez toujours par quelques bords sans forcer en début de séance, avant de vous lancer dans des manœuvres engagées.

▸ S'ENTRAÎNER : FAIRE SES PREMIERS PAS

▶ PILOTER UNE AILE

Avant de glisser en kitesurf, il faut apprendre les bases du pilotage. L'aile évolue dans un espace appelé la fenêtre de vol. Vous allez d'abord explorer la zone de faible puissance, appelée bord de fenêtre, pour apprendre à tenir votre aile stable et comprendre les bases de son fonctionnement. Puis vous découvrirez la traction, en faisant évoluer l'aile dans la zone de puissance. Une bonne maîtrise du pilotage et du redécollage en mer est indispensable avant de passer aux étapes suivantes.

La fenêtre de vol

C'est l'espace dans lequel une aile peut voler. Elle comprend des zones de faible, moyenne et forte puissance. La zone de faible puissance est appelée bord de fenêtre, elle correspond à un demi-cercle qui passe par le zénith, point le plus haut de la fenêtre. La zone de puissance maximum, appelée pleine fenêtre, est située en bas de l'espace de vol dans l'axe du vent. Imaginez la partie supérieure d'une cible. L'arc de cercle extérieur du zéro correspond au bord de fenêtre, et plus on va vers le 10, situé en plein dans l'axe du vent, plus la puissance générée par l'aile augmente.

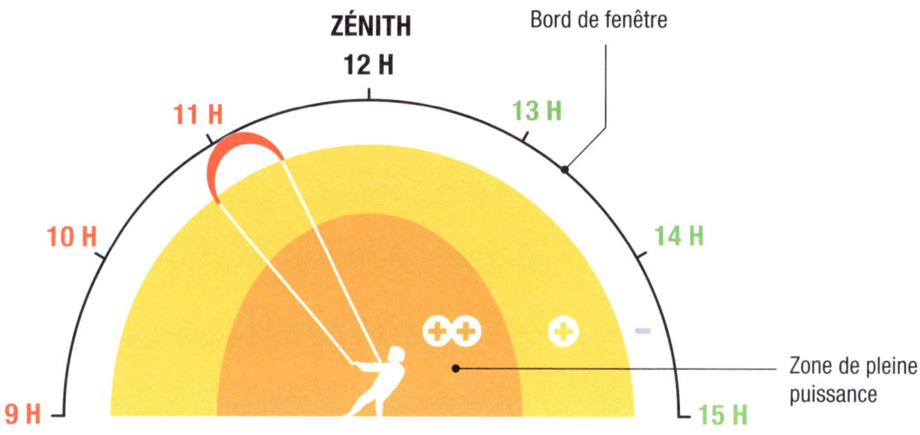

à retenir

La position de l'aile dans la fenêtre de vol n'est pas le seul paramètre à prendre en compte pour gérer la puissance de l'aile. Sa vitesse de déplacement et l'angle d'incidence agissent également sur la traction.

Les commandes de l'aile

La direction

Les lignes arrière permettent de diriger l'aile, mais sont aussi des freins. Pour orienter l'aile vers la droite, la ligne arrière droite doit être tendue, il doit y avoir un différentiel avec la ligne arrière gauche. La barre doit être située *a minima* au point de tension pour que l'aile réponde, au-dessus, la ligne arrière sera trop molle pour engager le changement de direction.

Plus vos mains sont écartées sur la barre, plus le bras de levier est important et l'aile, réactive. Cette position est intéressante quand vous êtes sous-toilé. Avec les mains centrées, l'aile est plus stable, vous évitez les mouvements parasites et les envois d'aile incontrôlés. C'est la position à adopter par vent fort.

Autre point essentiel, l'angle de la barre. Pour créer un différentiel entre vos deux lignes arrière, il faut mettre de l'angle dans la barre. Pour un changement de direction efficace, le bras qui donne la direction doit être fléchi, sans que le coude s'éloigne de la hanche, et l'autre tendu, cherchant à rapprocher les phalanges des lignes avant.

Le border / choquer

Il permet de contrôler la réactivité et la puissance de l'aile en modifiant l'angle d'incidence. Le fait de border tend les lignes arrière et augmente la réactivité, et la puissance jusqu'à l'angle d'incidence maximum, car si vous mettez trop de tension dans les arrières, l'aile freine voire recule, et la traction baisse. Choquer détend les lignes arrière, diminue la puissance de traction et la réactivité de l'aile, mais lui permet de réaccélérer.

Le réglage du point de tension

C'est la clé d'un pilotage en sécurité et confortable. Il s'effectue avec le trim : lorsque vous tirez sur le trim, le point de tension descend, quand vous le relâchez, il remonte. Il doit être situé sous le milieu du bout de border choquer.

Avec un point de tension haut, vous risquez de trop border, vous aurez du mal à vous opposer à l'aile, et vous aurez peu de débattement pour choquer.

Un point de tension bas, en dessous de la moitié de la course de votre border choquer, vous permet un pilotage confortable et une aile volant au maximum de ses capacités de réactivité et d'accélération. Il vous permet de vous opposer plus facilement à l'aile. Un point de tension situé sous la butée de border choquer en revanche ne permet pas de diriger votre aile efficacement.

à retenir

Le trim est appelé parfois à tort le depower. Si votre aile est bien réglée, les lignes arrière se détendent quand vous choquez la barre au maximum, et la tension est uniquement dans les lignes avant. Régler le trim permet d'ajuster la hauteur du point de tension, et d'optimiser les performances de vol de l'aile. En vent très faible par exemple, on peut trimer une aile pour qu'elle ne décroche pas trop, et accélère plus facilement.

Le trim n'enlève de la puissance que si vos lignes sont mal réglées. En effet, quand la barre est choquée, seules les lignes avant doivent être en tension. Si ce n'est pas le cas, raccourcissez les lignes avant, ou rallongez les lignes arrière.

La sécurité

Avant de piloter une aile de kitesurf, vous devez connaître les règles de sécurité. Ayez les bons réflexes en cas de perte de contrôle, et dans les situations à risque.

▸ **Lâcher la barre** est le premier réflexe à avoir pour diminuer la traction en cas de perte de contrôle. S'agripper à la barre peut provoquer un envoi incontrôlé dans la zone de puissance, donc une forte traction. (Si vous tenez la barre bordée lors d'une chute frontale de l'aile, vous augmentez considérablement le risque de dégonflage à l'impact.) Pour votre sécurité, en cas d'échec dans un exercice, lâchez votre barre pour diminuer rapidement la traction.

▸ **Déclencher le largueur principal :** si lâcher la barre ne suffit pas à vous sortir d'une situation à risque, actionnez le largueur principal en poussant la poignée rouge vers le haut. Le chicken loop s'ouvre et se détache de la boucle de harnais, la barre s'éloigne, et vous restez connecté à la ligne de sécurité grâce à votre leash d'aile. Un différentiel se crée, l'aile ne peut plus voler. N'hésitez pas à déclencher, si vous vous sentez en danger. Si une aile part en rotation incontrôlée alors que vous avez lâché la barre, ou vous tracte trop fort alors qu'elle est posée en bord de fenêtre, vous devez déclencher.

▸ **Libérer le leash d'aile :** si, après avoir actionné le déclencheur, aussi appelé largueur principal, l'aile continue de vous tracter, et que vous êtes dans une situation dangereuse, larguez le leash d'aile. Attention car vous perdez l'aile qui devient un danger pour les autres. À n'actionner, donc, qu'en ultime recours ! Rassurez-vous, avec les ailes récentes, il est très rare de devoir l'utiliser. Cela peut être nécessaire si vos lignes se sont coincées sans un obstacle fixe tels qu'une bouée, ou un mât de voilier.

▸ **Le coupe-ligne** est utilisé si un emmêlage rend le largage impossible.

▸ **Les lignes en tension** représentent un danger. N'entourez jamais vos doigts ou votre main avec. N'attrapez jamais une aile par les lignes ou le bridage. Elles doivent être manipulées uniquement par le centre du bord d'attaque.
▸ **Conservez une distance** de sécurité d'au minimum deux longueurs de lignes, soit 50 mètres, avec tout obstacle. L'espace de vol doit toujours être totalement dégagé.
▸ **Vous avez besoin d'aide :** signalez-le en agitant les bras au-dessus de votre tête.

Le décollage avec assistant

L'apprentissage du décollage se fait à l'aide d'un assistant. Le placement du pilote et de son assistant requiert concentration et vigilance. Une bonne communication avec l'assistant est également essentielle. Vérifiez toujours que votre leash d'aile et que votre chicken loop sont correctement connectés au niveau de la barre et du harnais.

Le placement

Le décollage doit être effectué en bord de fenêtre. Pour le placement, commencez par positionner vos lignes légèrement en dessous de la perpendiculaire au vent. C'est au pilote, plus mobile que l'assistant, de se déplacer. Rapprochez-vous doucement du vent jusqu'à trouver l'angle de décollage idéal, avec les lignes avant tendues, le leash connecté, mais le chicken loop détaché.
Quand l'aile ne faseye plus, qu'elle est stable et gonflée, avec les quatre lignes et le bridage clairs et en tension, vous êtes prêt pour le décollage. Accrochez votre chicken loop au harnais, et une main sur la pré-ligne correspondant à l'oreille la plus haute. Levez le pouce pour signaler à votre assistant de lâcher l'aile.

Le décollage

À ce stade, la latte centrale est parallèle au sol. Pour que l'aile monte, tirez sur la pré-ligne reliée à l'oreille côté ciel. L'objectif, dans un premier temps, est de garder l'aile stable en bord de fenêtre, pas de l'orienter directement vers le zénith. Exercez une tension progressive sur la ligne arrière, pour engager la montée. La latte centrale reste parallèle au sol en début d'ascension, puis s'oriente progressivement vers le ciel jusqu'à ce que l'aile atteigne le zénith. Pour être sûr de ne pas trop border la barre, vous pouvez ne saisir que la pré-ligne.

Les astuces

- Cherchez d'abord à n'orienter que très légèrement votre aile. Dès qu'elle pivote un peu trop, repoussez la ligne, puis remettez de la tension pour maintenir la latte centrale à l'horizontale. Recommencez jusqu'à ce que vos doigts trouvent la sensibilité nécessaire au dosage de l'angle.
- Selon le côté du décollage, votre aile est stable en bord de fenêtre à 3 heures ou à 9 heures avec la latte horizontale. Elle est stable à midi avec la latte verticale. Comme l'aiguille de votre montre, votre latte centrale doit montrer l'heure à laquelle vous voulez que votre aile se situe. Faites-la monter vers midi, puis redescendre, en marquant des temps d'arrêt.
- Pour atterrir, tapez doucement sur votre tête pour donner le signal à votre assistant.

- Choisissez une zone dégagée et faites descendre lentement votre aile le long du bord de fenêtre. Votre assistant la saisit par le milieu du bord d'attaque, une main à l'intérieur, l'autre à l'extérieur. Avancez vers lui pour détendre les lignes.

Les erreurs fréquentes au décollage

› Vous êtes trop au vent

L'aile est gonflée et les quatre lignes sont en tension mais l'aile tracte et avance vers le vent, l'assistant est poussé. Le pilote et l'assistant doivent se rapprocher pour détendre les lignes. Dirigez-vous sous le vent avant de retendre les lignes, puis avancez doucement vers le vent jusqu'à retrouver le bord de fenêtre.

› Vous êtes trop sous le vent

L'aile est dégonflée, elle faseye, l'assistant doit faire un effort pour porter l'aile. Dirigez-vous au vent jusqu'à ce que les lignes avant soient en tension et que l'aile arrête de faseyer.

› Vous tirez trop fort sur la ligne arrière

L'aile monte rapidement vers le zénith ou se dirige vers la zone de puissance et vous déséquilibre, ou vous fait chuter vers l'avant. Pour décoller, lâchez la barre ou gardez la barre choquée, et tirez progressivement sur la pré-ligne pour contrôler la vitesse de l'ascension, et la garder en bord de fenêtre. Fixez vos yeux sur la latte centrale. Dès qu'elle dépasse l'angle horizontal, lâchez.

› Vous bordez trop

Lorsque l'assistant lâche l'aile, elle tombe sur le bord de fuite. Lâchez votre barre et tirez uniquement et progressivement sur la pré-ligne pour la faire monter.

Les premiers pas en pilotage

Explorer le bord de fenêtre

Vous apprenez d'abord à stabiliser l'aile, puis à la faire évoluer dans la zone de faible puissance, le long du bord de fenêtre. Voici un exercice pour acquérir les bases du pilotage. Il peut également être réalisé avec une petite aile à caissons en préparation d'un stage (voir illustration p. 63).

▸ Stabilisez votre aile au zénith avec la barre au point de tension. Tentez simplement de la maintenir en position et de la repositionner quand elle se déséquilibre en donnant un ordre de direction. Si l'aile part à gauche, je tire légèrement à droite, et inversement.

▸ Entraînez-vous à stabiliser l'aile en bord de fenêtre à différentes hauteurs. La traction doit rester faible tout au long de l'exercice, et le déplacement de l'aile, précis. La ligne reliée à l'oreille la plus haute doit rester en tension pour garder l'aile en vol. Elle permet de faire pivoter l'aile, repousser la ligne permet de mettre de la tension dans les lignes avant et donc de garder l'aile en vol par de légers mouvements d'oscillation.

Piloter à une main

Il est essentiel d'apprendre à réaliser les exercices de stabilisation à une main pour vous préparer à l'étape du waterstart qui nécessite de manipuler la planche.

▸ L'aile à mi-hauteur, orientez l'aile légèrement vers le haut en tirant la barre avec de l'angle, puis repoussez la barre pour laisser votre aile avancer. L'aile monte, s'arrête, puis redescend. Le but est de la stabiliser en haut de cette parabole en mettant un angle léger dans la barre, puis de la laisser redescendre en relâchant, et de recommencer.

▸ Si vous stabilisez l'aile au zénith, la main peut être centrée sur la barre, le bout de border choquer coulisse entre l'index et le majeur. En revanche, si l'aile est orientée d'un côté, décalez la main qui pilote du côté opposé sur la barre.

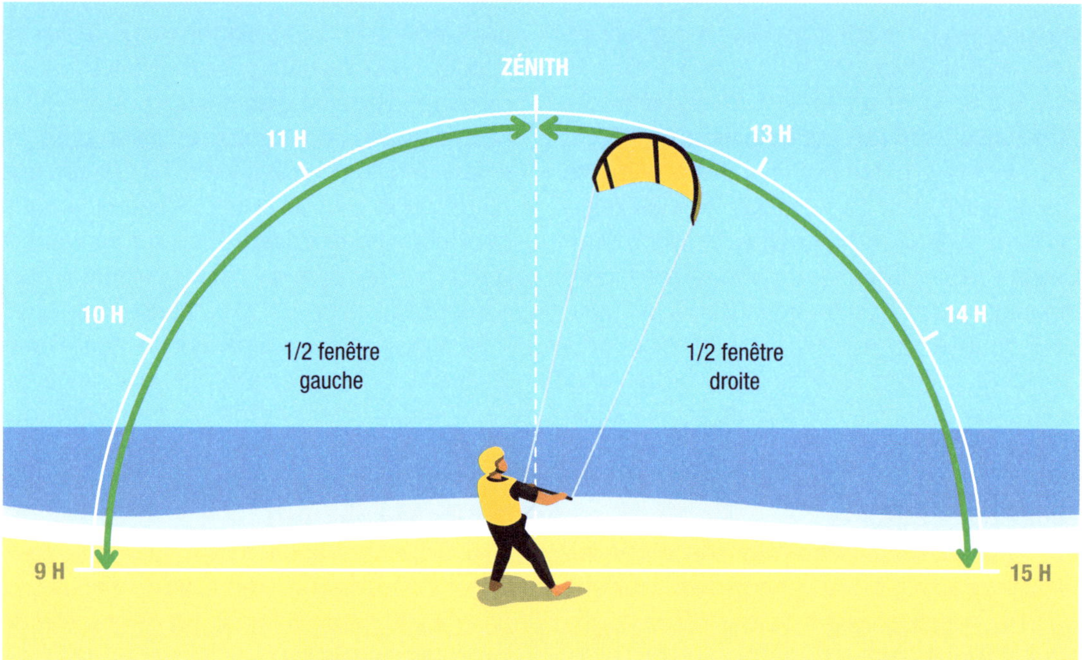

Dès que vous commencez à être à l'aise en pilotage, exercez-vous aussi à détourner le regard de l'aile quelques secondes sans vous appuyer sur la barre. C'est, avec le pilotage à une main, un des prérequis indispensables pour l'étape du waterstart.

Les astuces

- Prenez un repère simple pour diriger votre aile. Imaginez une flèche au bout de la latte centrale du côté du bord d'attaque. Vous n'avez plus qu'à orienter la flèche dans la direction souhaitée.
- Pour donner un ordre de direction, vous devez avoir un bras tendu et un bras fléchi. Pour avoir le bon geste, pensez au mouvement de guidon dans un virage. Pour tendre le bras opposé à la direction, pensez au coup de poing du boxeur.
- Oubliez le mouvement de volant qui parasite le pilotage. Si vous l'effectuez, le bras est fléchi mais le coude s'écarte de la hanche, et vous ne tirez pas efficacement la barre. Pour tourner efficacement, gardez toujours le coude fléchi proche de la hanche, et tendez l'autre bras.
- Pour faciliter les commandes de votre aile, pensez aux rênes d'un cheval. Vos lignes arrière

sont les rênes, et votre aile, le cheval. S'il y a trop de tension dans les arrières, l'aile surborde, le cheval se cabre et s'arrête. S'il n'y a pas assez de tension au moment de l'ordre de tourner : l'aile et le cheval font ce qui leur plaît. On oriente le cheval en mettant une tension dans les rênes, puis on relâche pour lui signifier d'avancer. Même si vous n'êtes pas cavalier, vous choquerez pour permettre à votre aile de remonter !

▸ Dans les vents irréguliers, évitez de stabiliser votre aile au zénith car les variations de vents peuvent engendrer une détente des lignes et un déséquilibre de l'aile, elle recule. Pour éviter cette situation, décalez l'aile légèrement à gauche ou à droite du zénith en bord de fenêtre, et maintenez la barre au point de tension. Le risque de dévente sera minimisé. La détente des lignes au zénith peut aussi être provoquée par le fait de trop choquer la barre. Si cela vous arrive, décalez-vous dans l'axe du vent pour les retendre.

Les erreurs de pilotage fréquentes

› L'aile ne réagit pas lorsque je tire la ligne arrière pour la faire tourner

Votre barre est trop haute, au-dessus du point de tension, la ligne arrière n'est pas tendue. Même avec un différentiel entre les deux lignes arrière, l'aile ne répond pas.

Le différentiel entre les deux lignes arrière n'est pas suffisant pour engager le changement de direction. Vos deux bras sont fléchis, il n'y a pas assez d'angle de la barre. Tendez le bras opposé à la direction donnée.

› L'aile recule vers la zone de puissance

Vous bordez trop. L'angle d'incidence est trop important, l'aile décroche. Choquez la barre pour lui permettre de reprendre son vol, et d'avancer. N'oubliez pas que les arrières sont des freins.

Le redécollage dans l'eau

Avec le matériel actuel, le redécollage des ailes s'est considérablement simplifié. Néanmoins, il nécessite une certaine finesse de pilotage, surtout dans le vent léger.

Positionner l'aile en bord de fenêtre

Quand une aile chute dans l'eau, elle se retrouve, dans la majorité des cas, bord d'attaque sur l'eau, et extrados face à vous, avec les lignes dans l'axe du vent. C'est la position adaptée pour engager un redécollage. Néanmoins il arrive qu'elle tombe sur le bord de fuite ou bord d'attaque face à vous, ce qui nécessite de la placer correctement. Voilà comment procéder :

▸ **si l'aile est posée sur le bord d'attaque extrados de l'aile face à vous :** tirez sur une pré-ligne arrière jusqu'à ce que l'aile pivote et que le vent gonfle l'intrados. L'aile se met en position pour le redécollage ;

▸ **si l'aile est posée sur le bord de fuite :** si le vent est suffisamment fort, lâcher la barre et s'opposer à l'aile pour mettre la tension dans le harnais suffit à faire pivoter l'aile à 180° et à la positionner avec le bord d'attaque sur l'eau. Dans le vent léger, nagez en rétropédalage vers le vent pour vous opposer à l'aile et minimiser les effets de la dérive, et tirez simultanément sur les lignes avant pour faire pivoter l'aile. Attention de ne pas laisser un arrière s'enrouler autour de votre barre.

Décoller

Quand l'aile est en position, vous allez devoir choisir un côté pour redécoller. Prenez en compte les vagues et le courant, les obstacles, les autres usagers. L'aile étant à l'envers sur l'eau, les commandes sont inversées. Si vous tirez à bâbord, l'aile glisse vers le bord de fenêtre tribord. Réalisez toutes les étapes du décollage en tenant la pré-ligne à une main.

1. Tirez franchement sur une pré-ligne pour que l'aile glisse sur le bord d'attaque en direction du bord de fenêtre.

2. Dès que la latte centrale dépasse l'horizontale, lâchez la ligne, car vous ne voulez pas que votre aile décolle dans la zone de puissance.

3. Répétez l'opération jusqu'à ce que votre aile se soit décalée et soit stable en bord de fenêtre. Reprenez alors un décollage en douceur, en cherchant à avoir une latte centrale qui regarde très légèrement au-dessus de l'horizontale, puis faites monter l'aile par paliers en variant son angle petit à petit, étape par étape, marche par marche.

La nage tractée

Maintenant que le pilotage ancré au sol est maîtrisé, vous allez pouvoir explorer la zone de pleine puissance, la pleine fenêtre. La nage tractée peut s'effectuer avec un pilotage dynamique ou statique. La nage orientée est indispensable pour récupérer sa planche en cas de chute, ou pour rejoindre le bord.

La nage tractée avec pilotage dynamique

L'objectif de cet exercice est de vous permettre de piloter dans la zone de puissance, et de vous préparer au waterstart. Vous allez pouvoir rechercher la traction et travailler les envois d'aile (voir illustration ci-contre).

1. Au départ du zénith, bordez avant de mettre l'angle du premier envoi.

2. Tirez d'un côté de la barre et poussez de l'autre, en cherchant à toucher les avants avec les phalanges de la main qui pousse. Pensez au coup de poing. Faites ce geste pour faire piquer l'aile vers le bas, et également pour donner le contre-ordre. Ne relâchez pas l'angle entre les deux, il n'y a pas de temps mort.

3. En fin de deuxième virage, quand la latte centrale est orientée vers midi, choquez pour ne pas freiner l'aile dans son début d'ascension, puis venez chercher le point de tension pour la guider tout en étant porté.

4. Avant qu'elle ne s'arrête, renvoyez-la soit vers le bord de fenêtre pour la stabiliser, soit vers midi pour la relancer. Commencez doucement, avec un envoi d'aile très court.

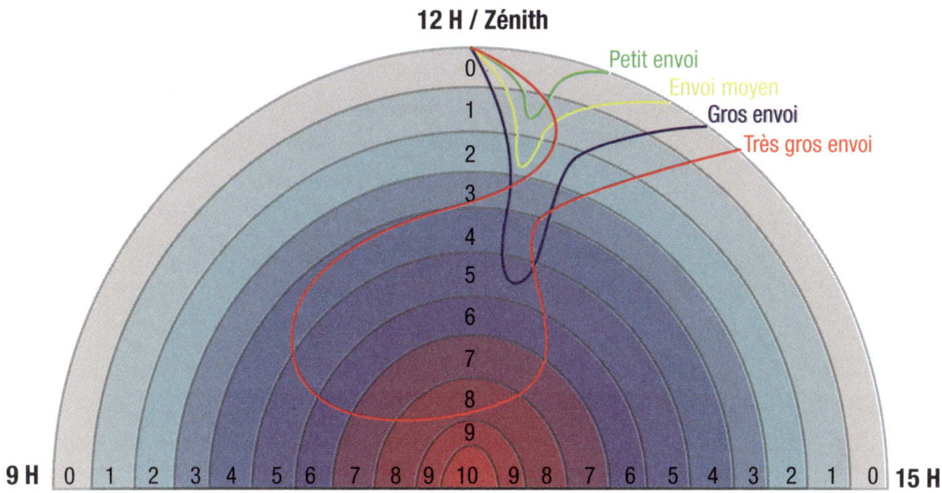

5. Arrêtez-vous entre chaque envoi, pour repartir à chaque fois avec une aile stable à midi. Augmentez progressivement l'amplitude des mouvements de l'aile, en changeant un seul facteur : le temps pendant lequel vous maintenez votre angle. Laissez-vous glisser à plat ventre au moment de la traction, les jambes tendues derrière vous.

à retenir

La maîtrise de l'envoi d'aile en nage tractée vous fera gagner un temps précieux pour le waterstart. Insistez sur cet exercice afin d'intégrer parfaitement le geste et son timing, et de maîtriser toutes les forces d'envoi. L'opposition générée par la planche changera vos repères, mais si vous maîtrisez la technique, vous trouverez très rapidement le bon dosage.

La nage orientée

Si vous êtes suffisamment toilé pour que l'aile tienne en bord de fenêtre, vous pouvez remonter au vent avec la technique suivante.

1. Stabilisez l'aile à 45° dans la direction où vous souhaitez aller, et allongez-vous sur le côté, comme pour la nage indienne, pour créer une résistance dans l'eau.

2. Le corps est aligné sur le bras avant qui indique la direction, la main arrière est sur la barre du côté opposé à l'aile pour la stabiliser.

3. Si vous avez la planche, plaquez-la sous le coude de votre bras avant et appuyez-vous dessus.

▸ LE WATERSTART

Les bases du pilotage sont acquises, vous savez stabiliser votre aile à une main, vous pouvez détourner votre regard sans qu'elle ne tombe, récupérer votre planche en nage tractée, et surtout, vous savez doser la puissance de vos envois d'aile. Vous êtes prêt pour le waterstart, dernière étape avant d'accéder à la glisse ! Pour les premiers essais, l'utilisation d'une planche twin-tip vous facilitera la tâche.

Pilotage à une main

▸ Quand vous stabilisez l'aile au zénith à une main, vous pouvez mettre le bout de border choquer entre l'index et le majeur. Rapprochez le coude du nombril ou remontez-le vers la barre et maintenez un appui sur le point de tension pour piloter votre aile.

▸ Si l'aile est orientée d'un côté du zénith, tenez le côté de la barre correspondant à l'oreille de l'aile la plus haute, pour mieux la contrôler. Regardez l'orientation de votre latte centrale pour anticiper les mouvements de votre aile. Variez le moins possible l'angle de la latte. Cette méthode a l'avantage de ne pas nécessiter de force, et amène un pilotage plus fin.

Chausser la planche

▸ Avant tout, assurez-vous de disposer de suffisamment d'espace sous le vent et de profondeur pour chausser et sortir de l'eau. Lors des premiers essais, vous aurez tendance à perdre rapidement du terrain.

▸ Stabilisez votre aile, au zénith ou légèrement décalée, à une main pour manipuler votre planche. Le chaussage s'effectue vent dans le dos, la planche entre vous et l'aile, perpendiculaire à vos lignes. Servez-vous de la poignée centrale pour vous aider à insérer les pieds.

! attention

Ne vous agrippez pas à la barre au moment de chausser pour ne pas faire d'erreur de pilotage.

Les astuces

▸ Quand vous stabilisez l'aile au zénith à deux mains, centrez-les sur la barre pour éviter les mouvements brusques de l'aile qui vous déséquilibrent. Écartez-les davantage au moment d'envoyer l'aile pour augmenter le bras de levier et faciliter les commandes de direction.

▸ Pensez à fléchir les deux jambes le plus possible immédiatement après avoir chaussé pour rester équilibré face à votre aile. L'aile doit rester positionnée entre vos deux jambes. Si elle sort de cet axe, vous serez déséquilibré. Vous risquez de perdre l'aile du regard. Lâchez la barre, enlevez la planche et, de nouveau face à votre aile, reprenez l'exercice en repartant d'une bonne base.

Sortir de l'eau

1. Stabiliser votre position

Vous êtes dans une position stable, groupé (en boule), et le vent dans le dos. Gardez les genoux fléchis, et vérifiez que l'axe longitudinal de la planche est bien perpendiculaire au vent et à vos lignes. Ne tentez pas d'envoyer l'aile si vous êtes déséquilibré.

2. Envoyer l'aile

L'aile est stabilisée au zénith. Recherchez progressivement la traction idéale. Pour votre sécurité, mieux vaut commencer par un envoi ne générant pas assez de puissance que l'inverse. Répétez l'envoi d'aile travaillé lors de la nage tractée. Faites plonger l'aile du côté ou vous souhaitez aller. Les étapes de l'envoi sont les suivantes :

▸ border sous le point de tension pour utiliser toute la réactivité de votre aile ;

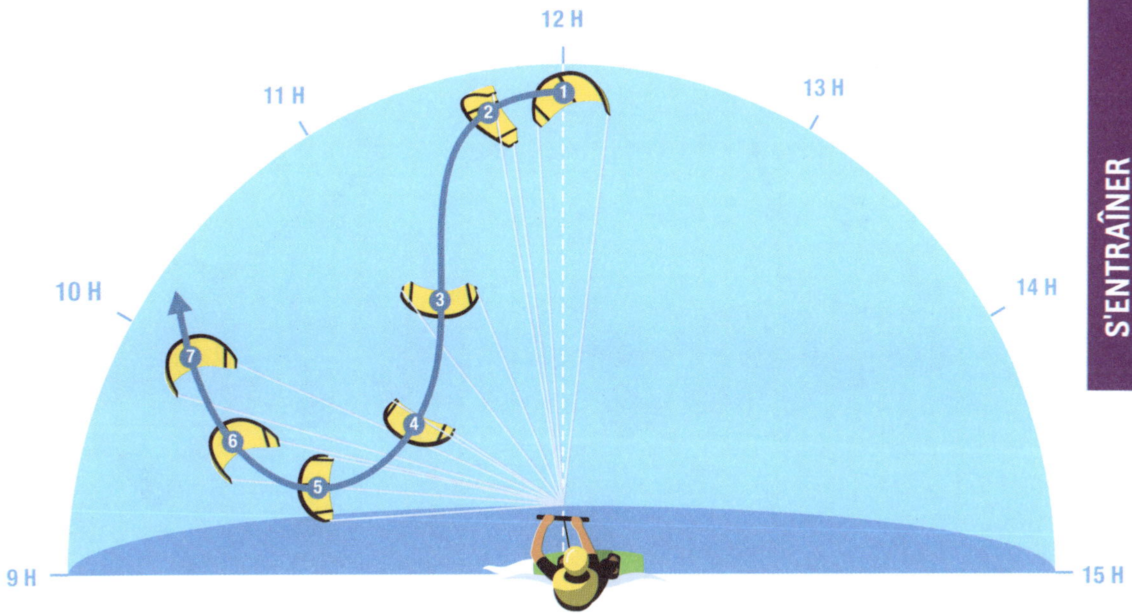

- mettre un angle franc dans la barre, une main qui tire, l'autre qui cherche à toucher les lignes avant ;
- anticiper le contre-ordre pour doser la puissance. Contrer de façon aussi franche que vous avez fait plonger votre aile ;
- ne pas relâcher l'angle de barre entre l'envoi et le premier virage de l'aile. Une fois que votre latte centrale regarde vers le haut, pousser la barre pour que votre aile accélère, puis dès qu'elle commence à remonter, border doucement sur le point de tension pour pouvoir la guider soit vers le bord de fenêtre, soit vers midi pour relancer.

3. La bascule

- Vous devez rester en position groupé, les genoux fléchis. Attendez de sentir la traction dans le harnais, ne cherchez pas à vous lever en tirant sur la barre, pilotez simplement votre aile. C'est la traction dans le harnais qui vous sort de l'eau. Acceptez la bascule avant en laissant les épaules et la tête basculer au-dessus de la planche, ne restez pas en opposition. Plus vous êtes groupé et roulez les épaules et la tête vers l'avant, moins la sortie d'eau nécessitera de puissance.

▸ L'ordre de direction pour faire remonter l'aile doit être donné très tôt. Selon les conditions, il interviendra juste avant, pendant ou après la bascule.

4. Première phase de glisse et relance

▸ Si nécessaire, relancez votre aile après la sortie d'eau jusqu'à avoir généré suffisamment de vitesse pour la caler en bord de fenêtre. Si vous avez les bons appuis, un seul envoi peut être suffisant. À la fin de votre mouvement d'aile, une fois que celle-ci commence à remonter, guidez-la soit vers le bord de fenêtre pour la stabiliser, soit vers midi pour la relancer ensuite.

▸ Si vous êtes correctement toilé (c'est-à-dire si vous utilisez un matériel adapté aux conditions de vent et à votre gabarit), et si la traction est bien dosée, et surtout si vous arrivez à mettre de la tension dans vos lignes grâce à votre trajectoire, vous pourrez caler l'aile en bord de fenêtre après le premier envoi.

▸ Immédiatement après la bascule, orientez votre hanche avant vers votre aile. Après un temps de glisse très court, engagez votre

trajectoire pour tendre vos lignes. Pensez à conserver une flexion dans la jambe arrière, et à transférer du poids dans la hanche avant au niveau du harnais. Tournez le regard et la hanche avant vers le vent, jusqu'à ce que l'aile soit dans l'axe de votre jambe arrière. Plus vous ouvrez le bassin dans la direction souhaitée, plus vous baissez la fesse avant vers l'eau. Ce mouvement permet de basculer les appuis sur la carre* de votre planche, et de pousser de l'eau avec votre pied arrière pour vous opposer à l'aile, et lofer, c'est-à-dire vous rapprocher de l'axe du vent.

Les astuces

▸ Contrairement aux idées reçues, un bon kitesurfeur n'a pas son poids sur la jambe arrière lorsqu'il évolue au près. Pour appuyer efficacement sur le talon arrière, il désaxe son point d'équilibre au-dessus du pied avant. Pour pousser de l'eau avec sa jambe arrière et tourner, il fait comme le footballeur qui s'appuie sur son pied gauche pour taper dans le ballon avec son pied droit.

▸ Pour éviter de vous agripper à la barre pendant vos waterstarts, tenez-la avec les doigts plutôt qu'à pleines mains. Tirez du bout des doigts, poussez de la paume. Autre avantage : vous aurez plus de sensations dans la barre et un pilotage plus fin.

▸ Si vous voulez relancer votre aile, pensez toujours à la remonter d'abord vers midi. Elle vous portera pendant sa remontée, et cela vous laissera toute la place dans la fenêtre de vol pour faire votre renvoi.

▸

à retenir

La planche et les lignes sont de bons repères pour savoir si vous êtes bien positionné pour le waterstart. Si vous avez l'aile à midi et la planche perpendiculaire à vos lignes avant, alors vous êtes prêt pour envoyer. Augmentez progressivement l'amplitude de vos envois d'aile pour trouver le bon dosage. Allez du moins vers le plus et pas l'inverse !

Soyez dans l'anticipation au pilotage, l'inversion de commande après le premier envoi de l'aile doit être exécutée très tôt.

Les erreurs fréquentes

› Vous êtes éjecté au-dessus de la planche

L'envoi de l'aile est inadapté aux conditions, elle évolue dans une zone de trop forte puissance. Le contre-ordre pour la faire remonter est donné trop tard, ou l'aile est décalée du côté opposé et pas au zénith au moment de l'envoi. Recherchez la traction idéale en augmentant progressivement le temps d'envoi qui fera varier l'amplitude du mouvement de votre aile du zénith vers la zone de puissance.

› Vous manquez de traction pour sortir de l'eau

L'envoi de l'aile n'est pas assez tonique. Soyez plus franc dans l'envoi de votre aile, faites davantage plonger l'aile dans la zone de puissance. Mettez de l'angle dans la barre. Maintenez l'angle du premier envoi un peu plus longtemps ou augmentez-le, pour que votre aile tourne plus bas, dans la zone de puissance.
Vous restez en opposition, vous résistez face à la traction. Vous refusez la bascule. Roulez les épaules vers l'avant, restez en boule quand la traction arrive dans le harnais. Fléchissez les jambes, autant que possible.

› Votre planche dérape et reste perpendiculaire au vent quand vous vous redressez

Vous avez les jambes tendues et les bras fléchis. Vous n'avez probablement pas assez orienté votre hanche avant vers l'aile après avoir basculé au-dessus de votre planche. Pensez à garder votre jambe arrière fléchie. Orientez votre hanche avant vers votre aile, pour réduire la force d'opposition et glisser sans déraper. Vous pouvez ensuite faire votre changement de trajectoire.

▸ NAVIGUER À TOUTES LES ALLURES

Les premières glissades sont désormais maîtrisées, mais vous perdez encore beaucoup de terrain par rapport au vent. Afin d'éviter les longues marches pour vous replacer à votre point de départ, et apprendre à contrôler votre trajectoire et votre vitesse, vous allez d'abord vous entraîner à remonter au vent. Vous apprendrez ensuite à naviguer à toutes les allures.

Qu'est-ce que l'allure ?

L'allure est la trajectoire que le kitesurfeur adopte par rapport au vent. Comme en voile, On navigue au près quand on remonte au vent, au travers quand on évolue sur axe perpendiculaire au vent, et au largue quand on s'en éloigne. On lofe quand on se rapproche du lit du vent, et on abat quand on s'en éloigne.
Un apprentissage de la navigation aux différentes allures permet de maîtriser sa trajectoire et d'évoluer en sécurité sur le plan d'eau. Vous devez également impérativement connaître les règles de priorité.

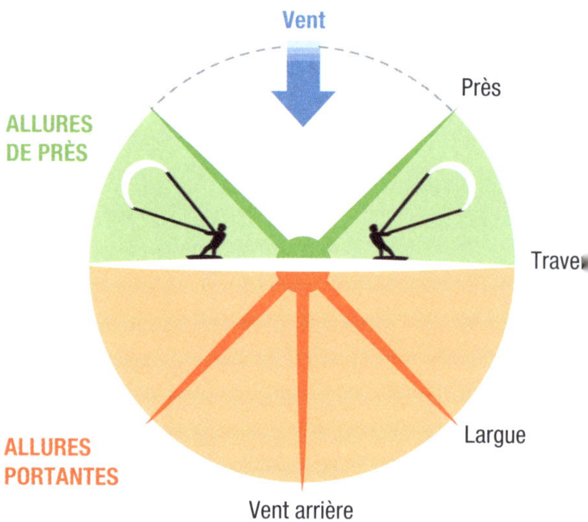

Vent apparent et fenêtre utile

Lorsque vous vous déplacez, vous créez du vent face à votre trajectoire, c'est le vent vitesse. Le vent réel est celui que vous ressentez lorsque vous êtes à l'arrêt. Le vent apparent est l'addition du vent vitesse et du vent réel. C'est le vent ressenti lorsque vous avancez et glissez.

En navigation, la fenêtre de vol n'est plus positionnée par rapport au vent réel mais au vent apparent. Cela génère un décalage de la fenêtre à l'opposé du déplacement. La zone dans laquelle votre aile évolue s'appelle la fenêtre utile. C'est la partie de la fenêtre dans laquelle l'aile vous permet de maintenir votre vitesse et votre trajectoire. Plus vous accélérez, plus elle se réduit et recule.

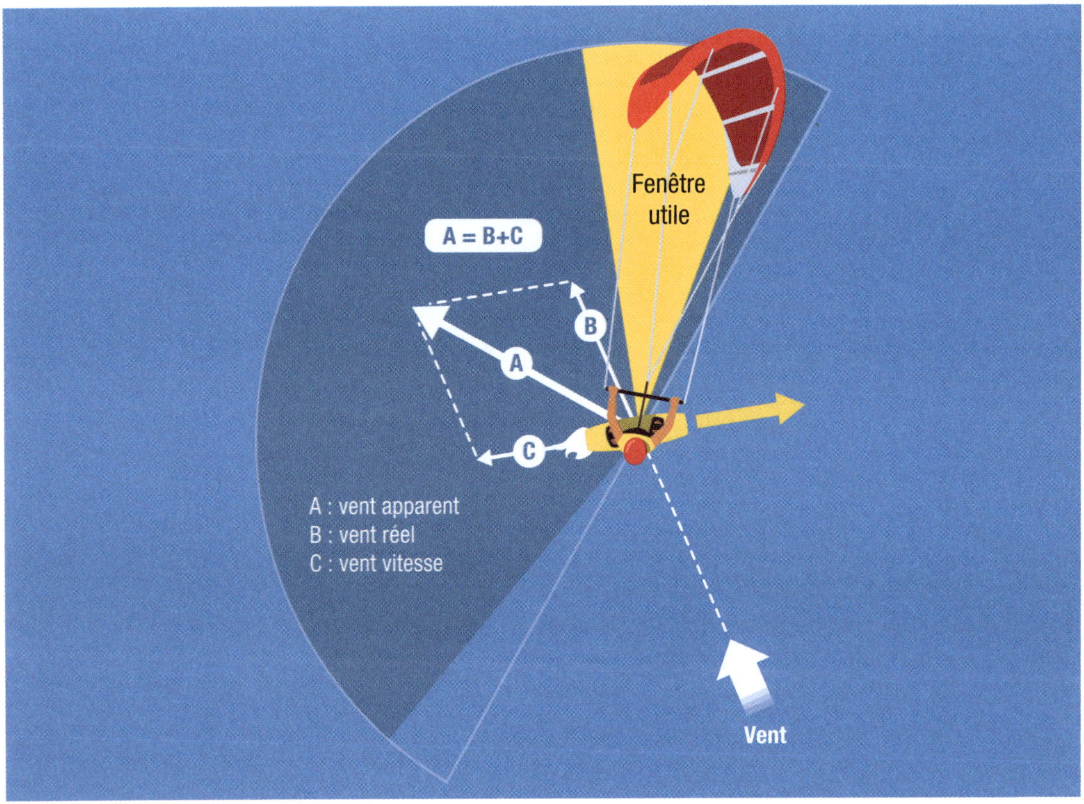

Le près

Naviguer à cette allure vous permet de compenser la dérive et de remonter au vent. Pour passer de la glissade à plat à une navigation au près, vous allez devoir apprendre à cranter, c'est-à-dire à faire mordre le rail de la planche dans l'eau. En plus de vous faire gagner en autonomie, cette technique vous permettra de maîtriser parfaitement le freinage et l'arrêt. Pour toutes ces raisons, c'est l'allure que nous allons prioriser dans l'apprentissage.

Pour remonter au vent, vous devrez adapter la posture et le pilotage. Il va falloir ralentir mais conserver suffisamment de vitesse pour que la remontée soit efficace.

▸ Après votre sortie d'eau, tournez les hanches pour engager votre courbe de remontée au vent, cherchez à vous asseoir progressivement dans le harnais, la fesse avant est proche de l'eau, l'appui bascule progressivement sur les talons. La jambe arrière est fléchie, la jambe avant peut être tendue ou fléchie selon les techniques.

▸ Stabilisez votre aile à mi-hauteur et maintenez la barre au point de tension. Si vous êtes suffisamment toilé, évitez le surpilotage et les oscillations inutiles qui vous font perdre du terrain. Dès que vous engagez la courbe pour remonter au vent, choquez légèrement la barre pour que l'aile avance en bord de fenêtre et ne s'oppose pas à votre effort. Cela permet d'avoir une courbe de remontée au vent plus rapide. Si vous bordez trop, l'aile recule et vous perdez du terrain. Pensez à ajuster le trim pour trouver une position confortable.

Les astuces

▸ Pour trouver la bonne position pour naviguer au près, lâchez la main avant, le haut du corps s'orientera naturellement vers le vent, et votre planche aussi. Pensez à recentrer votre main arrière sur la barre. Une fois la position repérée, tentez de la garder avec les deux mains sur la barre.

▸ Pour cranter efficacement, imaginez un banc 1 mètre derrière votre épaule avant. Cherchez à poser votre fesse avant dessus. Abaissez votre centre de gravité et ramenez votre poids au-dessus de la jambe avant, puis poussez de l'eau avec votre jambe arrière.

▸ Quand vous engagez votre courbe vers le vent, votre vitesse diminue. Si vous restez choqué, vous vous arrêtez, si vous bordez légèrement, vous continuez votre trajectoire de remontée au vent.

▶
Position de navigation au près

Le travers

La navigation travers au vent correspond à une trajectoire perpendiculaire au vent.

▸ Regardez et orientez la hanche avant dans la direction où vous souhaitez aller et orientez votre hanche. Prenez des repères visuels sur un axe perpendiculaire au vent. Le travers est une allure rapide, adaptez vos appuis et votre trajectoire pour conserver de la vitesse.

▸ Naviguez autant que possible aile calée à 45° pour ne pas perdre de terrain. Plus vous accélérez, plus la fenêtre utile se réduit et vous pouvez caler votre aile. Si vous êtes sous-toilé, relancez votre aile pour conserver de la traction.

Le largue

Aux allures portantes, vous allez dans le sens du vent, le vent apparent diminue. Cette allure est très technique car vous devez gérer la détente des lignes du fait de la baisse du vent ressenti sur l'aile. Il faut trouver la trajectoire qui vous permet à la fois de vous éloigner du vent, de conserver de la vitesse, et de garder les lignes en tension.

▸ Comme pour les autres allures, pour caler votre aile, il faudra avoir de la vitesse et être un minimum toilé ou avoir généré de la vitesse. Sous-toilé, vous devez garder votre aile en mouvement pour que les lignes restent en tension, et que votre aile ne décroche pas.

▸ Quand l'aile est calée, bordez pour qu'elle recule et se décale légèrement sous le vent, cela facilitera votre descente.

▸ Vous naviguez la planche à plat. Vous êtes plus droit et appuyé sur la plante des pieds, et non plus sur les talons. Les épaules sont moins en opposition qu'aux autres allures, fléchissez bien la jambe arrière pour absorber la traction. Quand votre vitesse augmente, vous pouvez remettre un léger appui talons.

à retenir

Le vent arrière n'est pas une allure confortable en kitesurf du fait de la détente des lignes. Privilégiez un bord de largue qui vous apportera beaucoup plus de confort et de performance.

Les règles de priorité

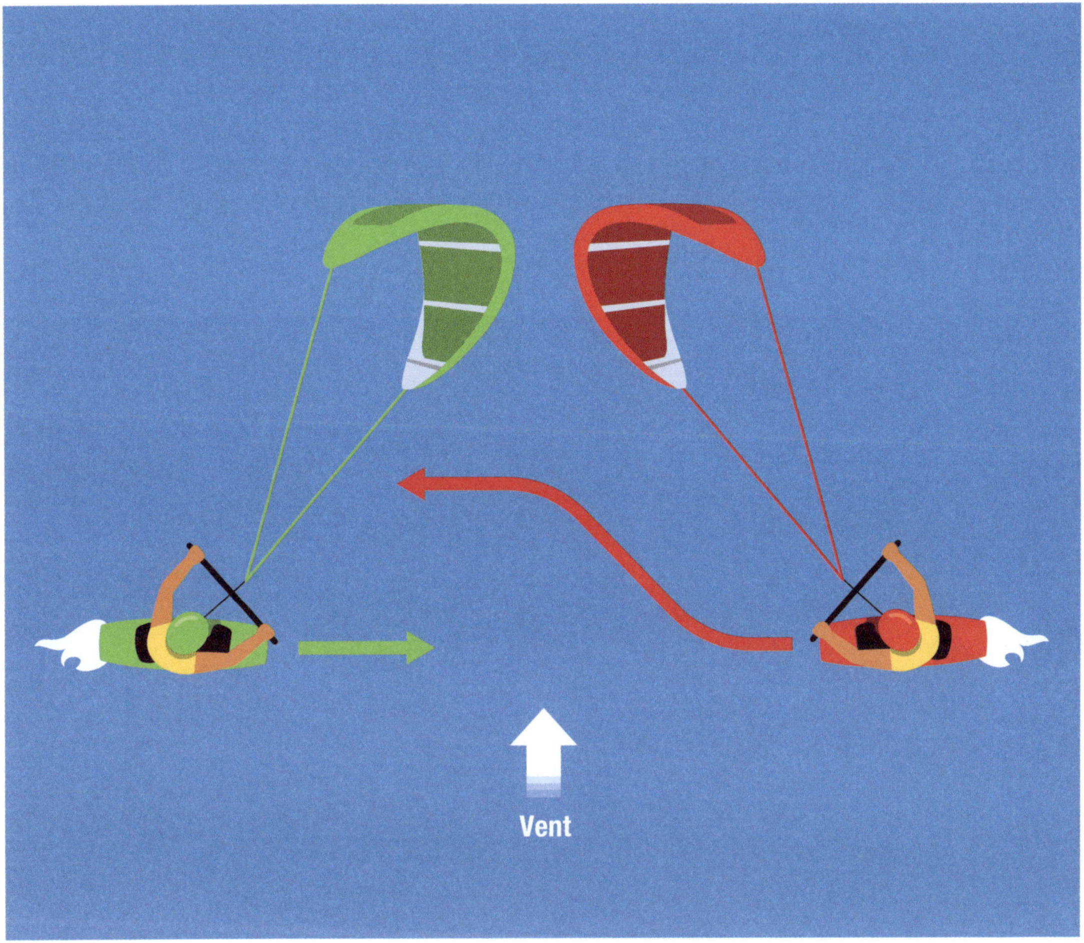

▸ Le vent vient de la gauche, je navigue main gauche devant, je suis bâbord. Je laisse la priorité, je m'écarte du vent. Le kitesurfeur naviguant tribord amure, main droite devant, passe au vent, il a la priorité.

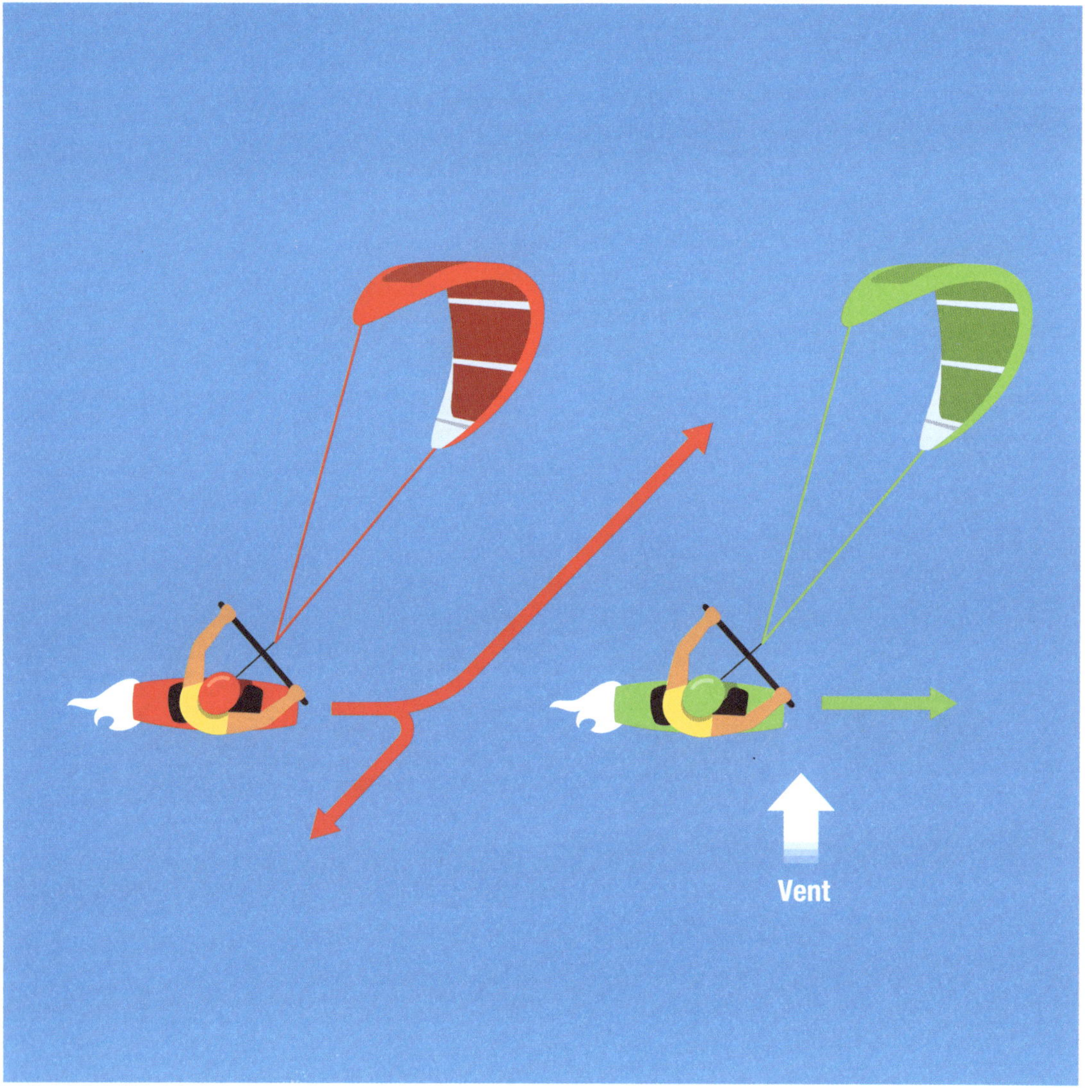

▸ Je rattrape donc je laisse la priorité, je m'écarte.

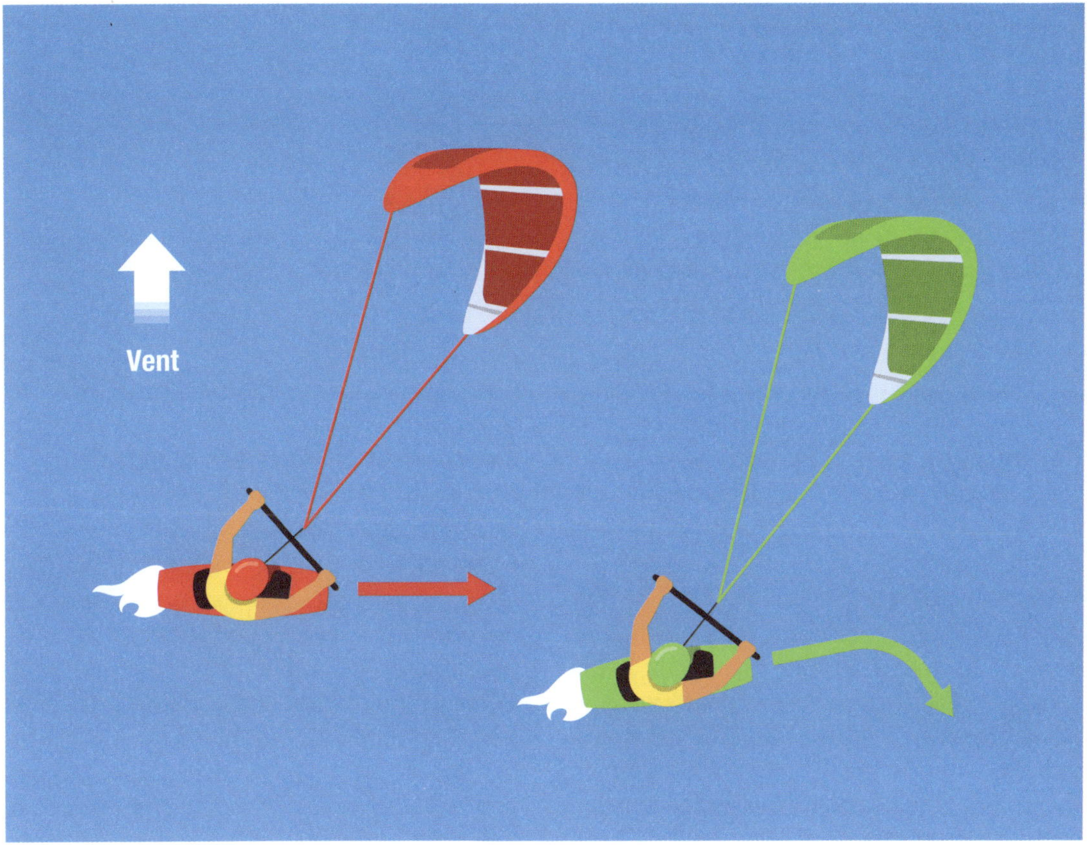

▸ Je suis sous le vent et sur le même bord qu'un autre kitesurfeur, je suis prioritaire. Il doit remonter au vent pour me laisser la place, et ne surtout pas abattre ou sauter.

▸ Dans les croisements entre kitesurfeurs, si je suis au vent, je monte mon aile pour qu'elle passe au-dessus. À l'inverse, si je suis sous le vent, je la descends.

▸ Les kitesurfeurs se mettant à l'eau ne doivent pas être gênés par ceux qui naviguent, ou sortent de l'eau. N'encombrez pas la zone de mise à l'eau, et attendez qu'elle soit dégagée pour rentrer à la plage.

▸ LA TRANSITION SIMPLE

S'il existe de nombreuses manières de faire demi-tour en kitesurf, la transition simple en twin-tip est de loin la plus facile à réaliser. Différentes techniques sont possibles. Celle présentée, qui comprend un temps d'arrêt, a pour but de vous faire progresser rapidement. Vous pourrez l'utiliser pour réaliser d'autres transitions plus complexes.

Remonter au vent et ralentir ❶

L'objectif de cette étape est de réaliser une auloffée, c'est-à-dire de se rapprocher de l'axe du vent, pour freiner.

▸ Assurez-vous que l'espace est dégagé derrière vous. Si besoin, signalez votre intention de changer de bord à un autre kitesurfeur, faites un signe rotatif au-dessus de votre tête.

▸ Faites remonter votre aile vers le zénith en suivant le bord de fenêtre. Choquez suffisamment votre barre pour ne pas freiner son ascension, et faciliter la remontée au vent.

▸ Simultanément à la montée de l'aile, orientez progressivement regard et hanche avant vers le vent, pour engager la courbe et perdre votre vitesse.

S'arrêter et changer ses appuis ❷

La planche s'arrête, bordez pour ne pas couler et anticiper la relance.

▸ L'aile atteint le zénith et marque un temps d'arrêt. Bordez progressivement pour rester hors de l'eau. Si vous bordez trop brusquement, l'aile peut vous déséquilibrer.

▸ Quand vous sentez que la planche va s'arrêter, relâchez les appuis talons pour alléger la planche de votre poids. Fléchissez les jambes pour éviter les déséquilibres, tournez regard et hanche avant dans la nouvelle direction pour anticiper la relance.

Relancer ❸

Vous devez adapter envoi d'aile et trajectoire pour reprendre de la vitesse.

▸ L'aile est à l'arrêt au zénith, envoyez-la en tirant sur la nouvelle main avant, et en poussant avec la main arrière. Vous devez, comme pour un waterstart, doser votre envoi, il doit être adapté aux conditions. La même technique peut être utilisée à condition de prendre en compte un élément important, vous êtes déjà hors de l'eau et avez donc besoin de moins de puissance.

▸ Relancez planche à plat pour reprendre de la vitesse, et jambes fléchies pour absorber la traction. La hanche avant est tournée vers votre aile. Ensuite, orientez regard et hanche et reprenez appui sur vos talons pour une trajectoire plus près du vent.

à retenir

La transition simple ne requiert pas de changement de position des pieds et de carre. Cette manœuvre a un autre avantage non négligeable : elle ne fait pas perdre de terrain par rapport au vent. Elle peut même permettre d'en gagner si la manœuvre est bien réalisée. La réussite de cette manœuvre est une question de timing entre freinage, changement d'appuis et relance de l'aile.

Erreurs fréquentes

Vous coulez quand l'aile est au zénith

▸ Vous choquez la barre, l'aile ne vous porte pas. Pensez à border pour rester hors de l'eau et engager la relance de l'aile.

▸ La relance est trop tardive, l'aile ne vous porte plus. Anticipez la relance de l'aile. Plus vous êtes sous-toilé, plus l'arrêt devra être court pour éviter de couler.

▸ Vous choquez la barre quand l'aile est au zénith, vous coulez. Border vous permettra de rester hors de l'eau et d'engager la relance avant de couler.

▸ Vous restez en appui sur les talons. Relâchez les appuis talons lorsque l'aile est au zénith. Bordez et allégez votre planche.

Vous chutez suite à la relance

▸ L'envoi de l'aile génère trop de puissance, vous êtes éjecté de la planche. Dosez votre envoi d'aile, contrez la descente de l'aile plus tôt.

▸ Les jambes sont tendues, les mains, crispées sur la barre. Fléchissez les jambes et soyez tonique pour absorber la traction.

Vous envoyez l'aile trop tôt dans la direction opposée

Vous envoyez l'aile à l'opposé alors que vous avez encore de la vitesse, l'aile vous embarque. Attendez d'avoir perdu votre vitesse, et que l'aile marque un temps d'arrêt au zénith avant de l'envoyer dans la direction opposée.

Votre planche dérape

Vous avez trop de vitesse, vous êtes crispé sur la barre et vos jambes sont raides. Fléchissez les jambes, choquez la barre dans la montée de l'aile. Appliquez la technique présentée pour freiner efficacement, et éviter cette situation.

1
2

3

▸ L'AUTO-SAUVETAGE / SELF RESCUE

Lors d'une avarie de matériel ou d'une baisse de vent, vous devez être capable de sécuriser votre matériel et de nager vers l'abri le plus proche. Il est indispensable de se préparer aux techniques d'auto-sauvetage pour éviter de paniquer et avoir rapidement les bons réflexes.

Étape 1 : larguer

Actionnez votre largueur. C'est le premier réflexe à avoir. Il permet de neutraliser l'aile, d'éviter qu'elle se gonfle et qu'elle vous tracte pendant la phase suivante, l'enroulage des lignes.

Étape 2 : enrouler la ligne de sécurité

Tirez sur la ligne de sécurité pour récupérer votre barre. Faites attention, pendant cette phase, à ne pas enrouler la ligne autour de vous. Commencez par enrouler la ligne de sécurité autour de la barre. C'est la garantie de conserver un différentiel suffisant entre une ligne avant et les autres. L'aile ne peut plus voler, ni exercer une tension dans les lignes lors de l'enroulage. Gardez le leash attaché à l'anneau de la ligne de sécurité pour éviter de perdre l'aile.

Étape 3 : enrouler les 4 lignes

Enroulez les lignes en 8 sur la barre en vous déplaçant vers votre aile. Quand vous avez terminé, faites une demi-clé pour les bloquer.

Étape 4 : rejoindre un abri

Sauf dans de rares cas, notamment si le vent est de terre et l'abri le plus proche au vent, il faut garder l'aile gonflée. C'est une aide à la flottabilité qui permet de se reposer et d'être repéré plus facilement. Par vent de mer, c'est une aide précieuse pour rejoindre la côte.

➔ à retenir

Pour éviter le dégonflage des lattes latérale, les clips des lattes doivent être fermés avant la mise à l'eau, comme préconisé lors de la préparation. Si votre bord d'attaque se dégonfle, vous conservez de la flottabilité.

Avec l'aile gonflée

Selon l'orientation et la force du vent, plusieurs options sont possibles pour rentrer à terre.
Si le vent vous rapproche d'un abri, la technique la plus efficace est de saisir les deux extrémités du bord d'attaque et de se servir de son aile comme d'une voile. Les ailes sont pour la plupart équipées de poignées spécialement conçues pour le self rescue.

› Les astuces

▸ Si vous n'arrivez pas à plier le bord d'attaque pour attraper les poignées de self rescue de votre aile, pour vous en servir comme d'une voile, vous pouvez enlever un peu de pression dans le bord d'attaque. Soyez très vigilant, n'enlevez pas trop de pression si vous utilisez cette technique.

▸ Avec les ailes de grande taille, posez votre planche à l'envers sur l'oreille et la latte latérale, et servez-vous du bridage pour rabattre l'oreille, et augmenter la prise au vent.

Avec l'aile dégonflée partiellement ou complètement

Si votre bord d'attaque s'est dégonflé lors d'une chute, ou si le vent vous éloigne de l'abri le plus proche, vous devrez utiliser une autre technique.

▸ Roulez l'aile avec les lattes latérales gonflées, la valve du bord d'attaque ouverte et hors de l'eau. Pensez à la refermer pour éviter les infiltrations d'eau quand vous avez terminé.

▸ Essayez de confectionner le meilleur radeau possible en posant l'aile sur votre planche. Servez-vous de votre harnais et de votre leash pour attacher votre matériel.

▸ Pour rentrer avec votre radeau, selon les conditions et votre capacité physique, vous pouvez soit ramer tel un surfeur allongé dessus, soit nager devant l'aile avec le leash attaché à votre pied pour la tracter. Si l'aile est totalement dégonflée, pliez-la et fixez-la sur votre planche avant de la tracter.

▶ PROGRESSER : DEVENIR EXPERT

▸ LE JIBE STRAPLESS

Le jibe strapless est un demi-tour qui s'effectue en descendant sous le vent. La manœuvre, contrairement à la transition simple, nécessite un changement de pied. Vous aurez certainement un côté favori pour changer vos pieds avant le virage, et un côté où vous préférerez les changer après le virage. Nous allons aborder les deux techniques.

Le jibe backside

▸ Pour le changement de pied avant la transition, votre aile doit être assez haute sans pour autant être stabilisée à midi. Votre vitesse doit être suffisante pour que vos appuis sur le surf soient stables. Faites une légère courbe de remontée au vent assez sèche, et relâchez-la avant de créer trop de tension.

▸ Vous vous offrez un timing d'allégement idéal pour changer de pied avant. Amenez votre pied arrière au niveau du pied avant, et reculez celui-ci dans la foulée pour le placer là où était votre pied arrière. Essayez de ne pas précipiter le geste, mais d'être précis.

▸ Une fois le changement de pied effectué, envoyez votre aile dans la fenêtre opposée, et engagez la courbe de transition en restant fléchi pour amortir la traction. Tournez le regard, ouvrez les hanches et poussez avec la jambe arrière. Vous avez réalisé votre transition, et pouvez reprendre la trajectoire souhaitée.

Le jibe frontside

▸ Réduisez votre vitesse, gardez l'aile haute, proche de midi, et orientez votre hanche avant vers l'aile pour commencer à glisser vers celle-ci.

▸ Quand votre planche commence à glisser vers l'aile, avant que les lignes ne se détendent, effectuez un renvoi sec de l'aile dans la fenêtre opposée. Continuez à tourner hanches, épaules et regard dans la direction souhaitée. Faites peser votre poids dans la hanche avant au niveau du harnais, pour basculer petit à petit sur un appui pointe de pieds. Cherchez à pousser l'eau avec les orteils du pied arrière, pour vous positionner dos à l'aile. Une fois la position stabilisée, cherchez à augmenter la prise de carre sur la pointe des pieds avant de changer vos appuis. Décalez le pied arrière au niveau du pied avant, puis reculez le pied avant vers l'arrière du surf. Vous êtes prêt pour attaquer la vague !

Pour effectuer le changement de direction de l'aile, vous pouvez passer par le zénith avec la même technique que pour la transition simple. Vous pouvez également faire passer l'aile sous le zénith d'un bord de fenêtre à l'autre. Pensez dans ce cas à choquer la barre pendant la traversée.

▸ LE VIREMENT DE BORD STRAPLESS

Bienvenue dans le monde de la finesse et de la glisse, le virement de bord ! En surf directionnel, il est important de conserver du poids au-dessus du pied avant. Cela est valable pour tous les supports de glisse (twin-tip, foil, surf, skate, wakeboard…).

La technique

Choisissez le plan d'eau le plus plat possible pour réaliser vos premiers virements. Comme toujours avant une manœuvre, vérifiez que l'espace est dégagé derrière vous.

1. L'aile part de la mi-hauteur, et vous êtes en train de remonter légèrement au vent. D'un petit appui sur la main arrière, orientez votre aile vers midi en faisant attention à bien longer le bord de fenêtre, puis choquez la barre pour laisser remonter votre aile en douceur.

Durant la trajectoire de votre aile vers midi, augmentez votre courbe de remontée au vent en appuyant un peu plus le pied arrière et en tournant les hanches, tout en gardant un appui franc de la carre du surf dans l'eau. Au moment où votre aile dépasse midi, le nez de votre surf doit être face au vent. Avancez votre pied arrière au niveau du pied avant puis reculez ce dernier et, simultanément, faites un envoi sec de l'aile dans la fenêtre de la direction opposée.

2. Pour les premiers virements, vous pouvez faire un léger chassé-croisé des jambes afin d'aider la planche à passer l'axe du vent, et repartir légèrement à l'abattée.

3. Relancez, jambes fléchies. Pour les premiers virements de bord, orientez votre hanche vers l'aile pour reprendre de la vitesse avant de reprendre une trajectoire plus près du vent. Avec plus de technique, vous repartirez directement au près.

à retenir

La trajectoire que vous effectuez sur l'eau doit être en adéquation avec le mouvement de votre aile : un mouvement d'aile doux et fluide permet un virement lent et propre, un mouvement d'aile rapide nécessite une grande dextérité au moment du changement de pied et une grande précision dans la courbe.

Pour faire un virement pirouette, le corps tourne dans le même sens que la rotation de la planche et non plus à l'opposé comme pour le virement classique. Le timing entre un virement classique et un virement pirouette est le même, la différence étant qu'au moment de changer les pieds, il faut accompagner le sens de rotation du surf pour le virement pirouette. Un peu instable au début, ce mouvement devient ensuite naturel et est indispensable pour effectuer un virement en foil plus tard.

2
3

▸ FAIRE UN SAUT SIMPLE

Ça y est, vous voilà prêt pour vos premiers sauts ! Lors de cette étape clé dans la progression, vous allez découvrir la dimension aérienne du kitesurf. Une fois la technique maîtrisée, vous pourrez réaliser une multitude de variantes et autres figures. Un saut simple peut se décomposer en deux étapes : d'abord, la gestion de la trajectoire de la planche, et ensuite, le mouvement d'aile associé pour décoller plus facilement et plus haut.

Gérer la trajectoire

Vous avez de la vitesse, et remontez légèrement au vent. Calez l'aile à mi-hauteur, abattez vers celle-ci sur 2 ou 3 mètres, puis choquez progressivement. Engagez simultanément une trajectoire de remontée au vent, en cherchant à maintenir la carre de votre planche ancrée dans l'eau. Répétez la manœuvre jusqu'à sentir que votre courbe emmagasine de la puissance et que votre planche ne dérape pas.

Répétez l'exercice, avec l'aile un peu plus haute, et à la fin de votre courbe, bordez à fond, tout en continuant à chercher à remonter au vent. Vous décollez ! Pensez à rester bordé, et tirez sur la main avant pour faire replonger votre aile avant de réceptionner. La mise en mouvement de celle-ci vers l'avant permet d'amortir la réception.

Le saut simple avec envoi d'aile

Maintenant que vous maîtrisez la trajectoire, concentrez-vous sur la technique du saut simple avec un envoi d'aile. Commencez à abattre au niveau de la planche. Bordez à fond et tirez sur la main arrière pour orienter votre aile en direction de midi.

▸ Choquez, et engagez la courbe de remontée au vent. Au moment où votre aile arrive dans l'axe de midi, augmentez le mouvement au niveau des hanches pour accentuer la fin de votre courbe.

▸ Bordez à fond et décollez, en pensant à garder l'aile à midi. Ne la laissez pas aller derrière. La main arrière est près du bout de border choquer, la main avant peut être décalée vers l'avant pour faciliter le renvoi. Durant toute la durée de l'ascension, votre aile doit rester à midi.

▸ En fin d'ascension, quand vous amorcez la descente, pensez à renvoyer l'aile devant vous avec de l'angle, en n'hésitant pas à mettre de l'angle dans votre barre, comme pour un mouvement d'aile de waterstart.

▸ Gainez le corps, et au moment de la réception, tournez la hanche avant vers l'aile et amortissez avec les deux jambes. Reprenez ensuite doucement votre trajectoire de remontée au vent. Bravo, vous venez de réaliser votre premier saut !

Les astuces

▸ Le mouvement pour s'opposer face à l'aile et décoller ressemble plus à une courbe de remontée au vent énergique qu'à une simple opposition : le but est de chercher à s'éloigner de la trajectoire de votre aile, afin de tendre les lignes, au point que celle-ci vous fasse décoller du sol. Ce mouvement de courbe est géré en grande partie par vos hanches : au moment d'engager la courbe, essayez de baisser votre fesse avant vers l'eau, et envoyez progressivement la hanche avant vers le vent, en poussant de l'eau avec la jambe arrière.

▸ Pensez à renvoyer votre aile vers l'avant avant d'atterrir. Le bon timing viendra avec la pratique, mais laisser trop longtemps l'aile à midi, ou derrière vous, ne peut vous apporter que de mauvaises réceptions. Si renvoyer l'aile vous fait peur, travaillez votre pilotage en faisant des waterstarts avec un mouvement de barre rapide, mais en maintenant un angle maximum. Vous comprendrez alors qu'il ne faut pas avoir peur de piloter votre aile énergiquement.

à retenir

Les conditions optimales pour vos premières tentatives sont un vent de 15 nœuds et le plan d'eau le plus plat possible.

1
2

3
4

▸ LE BACKLOOP

Cette figure de base du freestyle est généralement la première que l'on apprend après le saut simple. La différence entre un backloop et un backroll est que ce dernier s'exécute avec l'aile stable. Le décollage se fait uniquement grâce au crantage avec la planche, l'aile n'atteint pas l'axe de midi.

3
4

Pour un backloop, le kitesurfeur s'aide d'un envoi d'aile similaire à celui d'un saut simple pour décoller.

Votre premier backloop se réalisera comme votre premier saut simple, avec l'aile proche de midi. Engagez votre courbe de remontée au vent barre choquée, puis quand le nez de votre planche arrive face au vent, bordez et stabilisez votre aile à midi.

La technique du backloop

1. La différence avec le saut simple, c'est qu'au moment de quitter l'eau, vous devez continuer le mouvement de rotation, en ouvrant les épaules, les hanches, et en orientant le regard vers l'épaule avant.

2. Une fois en l'air, pensez à tirer sur votre main avant. Comme vous ne serez pas trop haut, n'ayez pas peur de renvoyer l'aile trop tôt. Continuez à tourner le regard et les épaules.

3. En fin de rotation, gardez le regard fixé sur votre zone de réception. Cela vous évitera de partir en sur-rotation si jamais vous avez mis trop d'inertie dans votre rotation ou si vous avez pris plus de hauteur que prévu.

4. Pour la réception, gardez le buste droit, jambes fléchies, la hanche avant orientée vers l'aile pour glisser vers celle-ci afin de ne pas remettre immédiatement les lignes en tension.

Les astuces

- Si votre rotation s'arrête une fois le dos à l'aile alors que la tête et les épaules sont bien tournées, soit vous avez trop tiré sur votre main arrière à l'envoi, soit vous avez oublié de stabiliser votre aile à midi. L'aile est donc trop derrière vous. Pour corriger ça, décalez votre main arrière proche du border choquer et décalez votre main avant vers l'extrémité de la barre. Cela permettra de minimiser l'envoi d'aile derrière et d'exagérer votre relance pour contrer une éventuelle erreur de barre. Une fois le geste maîtrisé, rééquilibrez le positionnement de vos mains.
- Rapidement, apprenez à faire une demi-rotation de plus avec les hanches avant la réception. Cette évolution du backloop, le back to toeside, vous permet de réceptionner n'importe quelle rotation back, que vous soyez trop haut ou trop bas. Réaliser cette demi-rotation supplémentaire simplement en tournant les hanches vous apportera sécurité et style.

▸ LE FRONTROLL

La rotation front est plus difficile que la rotation back, car elle va à l'encontre de l'élan donné par le crantage d'appel du saut. Afin de ne pas voir votre rotation bloquée par un mauvais placement de l'aile, commencez par apprendre la rotation front avec une aile stable, placée légèrement en dessous de midi. Vous allez réaliser un frontroll !
Effectuez le même crantage que pour un saut simple ou un backloop.

La technique du frontroll

1. Au moment où vous quittez l'eau, pliez la jambe avant, le genou remonte vers vos abdominaux, et tournez le regard vers votre épaule arrière. Ce geste contre l'inertie lancée par la courbe de votre appel de saut, et vous permet de partir en rotation front. Pensez à appuyer tout de suite sur la barre avec votre main avant.
2. Tout le long de la rotation, maintenez le regard vers votre épaule arrière, maintenez la jambe avant fléchie, le genou avant cherche à aller vers le genou arrière.
3. Gardez le corps gainé. Cherchez à maintenir un appui sur votre main avant, pour que votre aile soit légèrement descendante.
4. Une fois que vous apercevez la zone de réception, fixez-la pour stabiliser votre rotation. Fléchissez les jambes à la réception, en gardant le dos droit.

Les astuces

▸ Tout au long de la rotation, cherchez à maintenir un appui sur votre main avant pour que votre aile soit légèrement descendante. Fixez la zone de réception du regard, et maintenez votre genou avant dans l'axe de la barre jusqu'à toucher l'eau.

▸ Tout comme pour la rotation back, si vous vous réceptionnez brutalement avec l'aile derrière vous, ou qu'en milieu de rotation, vous vous retrouvez bloqué, dos à la traction, c'est que vous avez appuyé sur la main arrière sans le vouloir, et que votre aile est partie dans la fenêtre opposée. Une solution peut être de décaler votre main avant vers l'extrémité de la barre et votre main arrière vers le centre de celle-ci. Ainsi, les erreurs de barre seront plus tolérantes, moins pénalisantes et la relance, plus efficace. Une fois que vous maîtrisez la figure, répétez-la en replaçant petit à petit vos mains correctement.

▸ Une fois le frontroll maîtrisé, vous pouvez essayer le frontloop avec un envoi d'aile. Vous prendrez plus facilement de la hauteur. Le fait de monter les jambes pendant la rotation vous permettra de mieux gérer votre timing, et de finir la dernière demi-rotation juste avant la réception.

3
4

▸ LE RALEY

Le raley, procure des sensations fortes. C'est la toute première figure à réaliser en déhooké. Se déhooker consiste à décrocher le chicken loop du harnais, à réaliser une figure à bout de bras, puis à le raccrocher après la réception. Le raley consiste en une position en l'air, bras tendus, la planche remontée le plus haut possible derrière vous. Un mix entre superman et la position du scorpion !

4
5

Apprendre à déhooker

Avant de réaliser un raley, il faut apprendre à déhooker et réhooker en toute sérénité. Pour vous entraîner, vous pouvez d'abord, à pied, un jour de vent faible, entre 10 et 12 nœuds, poser votre aile en bord de fenêtre, enlever le tchootch, décrocher le chicken loop de la boucle de harnais en tenant la barre à deux mains, puis vous raccrocher. Maintenez l'aile stable en bord de fenêtre à deux mains, puis une main tire sur le chicken loop pour choquer, diminuer ainsi la puissance, et vous permettre de le raccrocher au harnais.

Une fois cette étape réalisée, faites exactement la même chose, en naviguant. Pendant un bord de travers, abattez au largue pour pouvoir vous décrocher facilement. Faites quelques mètres en restant décroché, toujours au largue, saisissez le chicken loop avec une main pour le raccrocher au harnais, puis reprenez une allure de remontée au vent.

La technique du raley

Vous êtes prêt pour votre premier raley. Pour sauter en déhooké, la technique est la même que celle que nous avons vue précédemment pour le saut simple, sans l'envoi d'aile. Tout est dans la trajectoire, la courbe que vous allez effectuer avec votre planche. L'aile ne doit pas remonter vers midi, mais rester stable, voire être légèrement plongeante, environ à mi-hauteur.

1. Faites un bord travers au vent, l'aile à mi-hauteur. Abattez pour prendre une allure de largue, décrochez-vous du harnais et attaquez immédiatement la trajectoire du crantage, en cherchant à garder les jambes légèrement fléchies et en tournant très fort les hanches. Ouvrez les épaules et cherchez à garder la fesse avant le plus proche possible de l'eau pendant toute la courbe.

2. Au moment où vous voulez relâcher car vous sentez que ça tire fort, accentuez ce mouvement de courbe, en cherchant à faire partir votre planche sur le côté. Ne vous laissez pas partir en avant, imaginez que vous voulez couper l'eau avec le tranchant de votre planche.

3. Ce geste vous permet de décoller, et fait naturellement monter vos jambes derrière vous. Tendez les bras, la tête est entre les épaules et cherche l'eau du regard. Pensez à tirer sur votre main avant pour faire redescendre l'aile.

4. Appuyez-vous sur la barre en cherchant à garder les bras tendus, et levez vos pieds le plus haut possible.

5. Quand vous sentez que vous redescendez, fixez la zone de réception du regard, pliez les bras et rentrez le bassin pour ramener la planche en dessous de vous. Orientez la hanche avant vers l'aile pour vous réceptionner à plat et pouvoir glisser vers votre aile.

6. Cela détend légèrement vos lignes. Raccrochez votre chicken loop au harnais. Ça y est, on y est ! Vous pouvez remonter au vent, vous avez fait votre premier raley !

Les astuces

▸ Le véritable rôle de l'abattée avant le crantage n'est pas simplement de détendre vos lignes, il est surtout de changer votre trajectoire. En abattant avec de la vitesse, vous décalez votre fenêtre de vol vers l'arrière, puis au moment où vous changez de trajectoire pour remonter au vent, les lignes avant se tendent. Votre aile accélère fort pour retrouver le bord de fenêtre correspondant à une remontée au vent : vous décollez.

▸ Plus le vent est fort et la vitesse du kitesurfeur élevée, plus l'abattée est prononcée. À l'inverse, plus le vent est faible, plus l'abattée est courte et peu prononcée pour ne pas détendre les lignes totalement, ce qui empêcherait une bonne attaque de la courbe d'opposition.

▸ Pour que l'aile puisse ainsi accélérer alors que vous êtes déhooké, et donc bordé à fond, votre point de tension doit être réglé très bas. Trimez l'aile avant de vouloir déhooker. Une aile bien réglée tient à midi, bordée à fond. Généralement, le bon réglage correspond à un point de tension réglé deux doigts au-dessus de la butée basse. Ce réglage est également optimal pour toutes vos sessions de sauts.

▸ Plus votre aile est basse, plus le raley est beau et engagé. Commencez néanmoins avec une aile assez haute et entraînez-vous à la faire partir de plus en plus bas. Vous pouvez réaliser un léger mouvement de parabole avec votre aile, plutôt que vous contenter de la stabiliser. Au début du crantage, l'aile à mi-hauteur, orientez-la légèrement vers le haut. Au moment de quitter l'eau, tirez à fond sur votre main avant, et restez tiré pendant toute la durée du saut. Votre aile va monter puis descendre pendant le saut, sans dépasser l'axe de midi. Cela vous donnera plus de hauteur sans nécessiter plus de vitesse au départ.

▸ SURFER LES VAGUES

Le surfkite est une discipline extrêmement complète, qui nécessite d'apprendre à lire les vagues, à anticiper leur formation et leur évolution. Nous vous indiquons ici comment surfer une vague en frontside, c'est-à-dire en évoluant face à la vague. Le but est d'enchaîner les courbes en bas et en haut de vague.

3
4

La technique

Choisissez un vent side-on, avec une orientation qui vous permette de suivre la vague du côté où vous êtes le plus à l'aise sans vous faire éjecter. Si votre pied avant favori est le droit, privilégiez des vagues déferlant vers la gauche pour surfer en frontside, et inversement.

Avant de vous engager dans la vague, assurez-vous que vous êtes bien placé, qu'un autre kitesurfeur n'est pas déjà en train de la surfer, et qu'elle n'est pas sur le point de fermer (casser).

1. Calez-vous sur la vitesse de la vague, et placez-vous sur sa partie haute.

2. Après la descente, au moment où elle commence à creuser et vous fait accélérer, engagez un virage avec un appui pointe de pieds pour suivre la vague, les épaules orientées vers l'intérieur du virage. Vous pouvez lâcher la main arrière pour faciliter l'engagement du haut du corps dans la courbe. Attention, cela vous fait avancer vers vos lignes. Si celles-ci se détendent, gardez l'aile en mouvement et adaptez votre trajectoire pour les retendre.

3. Cherchez à remonter dans la vague, adaptez votre trajectoire pendant vos manœuvres en maintenant une légère tension dans vos lignes.

4. Orientez le regard et les épaules vers le bas de vague pour effectuer le virage en haut de vague et redescendre. Sortez avant qu'elle ne casse totalement. Plus vos virages seront secs, plus ils vous permettront de rester vers la zone de cassure, la zone la plus intéressante de la vague.

à retenir

Un virage en bas de vague s'appelle un bottom turn, un virage serré en haut de vague, un roller. Il existe aussi le cut back, les aerials, et bien d'autres termes spécifiques au langage du surf.

Lors d'un croisement, celui qui surfe a la priorité sur celui qui passe les mousses, qu'il navigue bâbord ou tribord amure.

Les astuces

▸ Une aile de vague a un profil fait pour que l'aile drifte, c'est-à-dire qu'elle recule facilement et que les lignes ne se détendent pas trop, même si vous glissez avec beaucoup de vitesse vers l'aile. Privilégiez ces ailes si vous voulez évoluer en vagues, elles sont très facilitantes. Avec une aile freestyle, il faudra enchaîner les mouvements d'aile, dont des loops, pour maintenir de la tension dans les lignes. Cela vous empêchera d'obtenir des sensations proches du surf pur.

▸ Pour passer les mousses des vagues, l'aile doit être orientée et haute, et le nez de la planche, le plus possible face à la vague au moment du franchissement. Adaptez votre vitesse en jouant avec le border choquer, et pliez les jambes au maximum pour épouser la forme de l'eau.

▸ Vous devez parfaitement maîtriser les loops d'aile et les transitions en surfkite avant de vous lancer dans votre première vague. Bien sûr, commencez par de petites vagues.

▸ La meilleure orientation de vent pour le surfkite est un vent side-off. Cependant, ne recherchez pas ce genre de conditions si vous n'avez pas une équipe de sécurité avec vous ou un abri sous le vent en cas de problème.

▸ Le plus simple pour commencer est de s'entraîner dans de la houle plutôt que dans des déferlantes. Suivez la vague plus au large avant qu'elle ne déferle, avant qu'elle ne casse.

▸ VOLER EN KITEFOIL

Le foil offre une sensation inédite, celle de voler au-dessus de l'eau. En foil, les efforts de frottement et la traînée sont considérablement diminués. Vous allez pouvoir naviguer dans le vent léger, et remonter au vent comme vous ne l'aviez jamais fait.

Porter un foil

Afin d'assurer votre sécurité et de ne pas détériorer votre matériel, vous devez manipuler la planche en respectant les consignes suivantes. Attrapez-la avec votre bras avant devant le mât. Ce dernier est parallèle à l'eau et le fuselage du foil se situe à l'opposé de la barre. La main arrière stabilise l'aile.

Le waterstart en kitefoil

Pour faire vos premiers waterstarts en foil, il est important d'avoir parfaitement compris la bascule et de ne pas forcer. Vous avez appris à faire des waterstarts bien en boule et sans forcer, vous allez gagner du temps! Les appuis et le pilotage sont fins, et la moindre erreur ne pardonne pas. Le poids sera réparti davantage au-dessus du pied avant. La technique de waterstart est la même que celle abordée précédemment en twin-tip.

1. L'aile est au zénith, ou en bord de fenêtre haut, notamment si vous êtes sous-toilé. Placez votre planche dans l'axe du vent, attrapez le rail avec la main arrière, le coude en appui sur le pont de la planche, pour chausser en maintenant la partie foil émergée. Comme en twin-tip, cherchez ensuite à être groupé face à votre aile. Les deux jambes restent fléchies.

2. Restez en boule, et au moment où l'aile génère sa traction, accompagnez-la en faisant un mouvement de roulade avant.

Si vous poussez sur vos jambes lors de la sortie d'eau, vous aurez besoin de beaucoup de puissance, et vous aurez le poids sur le pied arrière et sur les talons, ce qui amènera le foil à sortir de l'eau brutalement, vous expulsant pour un magnifique vol plané!

3. Sortez de l'eau avec le moins de puissance possible, et gardez la jambe avant fléchie, le poids au-dessus de celle-ci.

4. Entraînez-vous à naviguer à vitesse réduite, à une allure de travers, en vous appliquant à garder la planche plaquée sur l'eau: le foil ne doit pas décoller. Répétez l'exercice en prenant toujours plus de vitesse.

Décoller et voler

Vous avez réussi? Génial! Maintenant, il ne vous reste plus qu'à laisser monter le foil de quelques centimètres. Mettez légèrement plus de poids sur la jambe arrière et dès que vous sentez monter le foil, remettez le poids sur la jambe avant. Ou alors, allégez-vous grâce à un mouvement de flexion-extension des jambes. Une fois le foil en l'air, le jeu est de ne pas le laisser redescendre, ni trop monter. C'est au niveau des hanches qu'il vous faut travailler afin de gérer avec finesse la répartition du poids entre pied avant et pied arrière: vous gérez ainsi l'assiette de votre foil.

Les astuces

▸ Tout est dans le pilotage! Vous devez avoir compris qu'il ne faut pas avoir peur de bouger son aile de façon énergique, mais avec de petits mouvements afin de garder un axe et une puissance de traction régulière.

▸ Chercher à maintenir un appui dans la hanche avant au niveau du harnais vous permet de garder du poids au-dessus de la jambe avant et de gérer plus finement la répartition de votre poids.

▸ Pour faciliter vos premiers départs, avancez le pied arrière vers le pied avant pour limiter les erreurs de répartition de poids et les déséquilibres.

1
2

à retenir

Pour pratiquer le foil, vous devez avoir atteint un niveau de pilotage suffisamment fin, et avoir développé une aisance de glisse. Impossible, en effet, de compenser une mauvaise gestion d'équilibre par la force.

▶ POUR ALLER PLUS LOIN

▸ GLOSSAIRE

Abattre
Manœuvrer de façon à s'écarter du lit du vent.

Aerial
Saut effectué au-dessus de la vague lors d'un surf, avec fixations ou non. L'idée est de dépasser la crête de la vague, pour atterrir dans le creux.

Allure
Angle de navigation par rapport au lit du vent.

Anticyclone
Zone de haute pression atmosphérique.

Au portant
Aux allures allant du travers au vent arrière.

Au près
Allure de remontée au plus près du lit du vent.

Au vent
Désigne le côté d'où vient le vent par rapport à la position du pilote.

Back to toeside
Rotation back-side, type backloop ou backroll, à laquelle on ajoute une demi-rotation des hanches pour atterrir toeside (du côté pointes de pieds).

Backloop
Rotation arrière réalisée avec un envoi d'aile.

Bord d'attaque
Partie avant d'un profil aérodynamique.

Bord de fenêtre
Zone où l'aile génère le moins de traction, et qui délimite l'espace de vol. Délimitée par la longueur des lignes et l'axe du vent apparent.

Bord de fuite
Partie la plus arrière d'un profil aérodynamique, par laquelle s'échappent les filets d'air.

Border choquer
Bout sur lequel évolue la barre pour gérer la tension des lignes arrière et donc l'angle d'incidence de l'aile en bordant, c'est-à-dire en tirant, ou en choquant, en poussant.

Bottom turn
Manœuvre de surf qui consiste à effectuer un virage en bas de vague.

Carre
Arrête, rail de la planche permettant de s'opposer à l'aile.

Chicken loop
Élément comprenant une boucle pour accrocher le harnais à l'aile, le tchootch, et le déclencheur (largueur principal).

Coupe-ligne
Accessoire doté de lames pour couper les lignes, indispensable à la sécurité en kitesurf lors d'un emmêlage.

Coussin au vent
Zone au vent de l'obstacle où le vent s'élève.

Cranter
Action d'appuyer sur la carre de la planche pour remonter au vent, ou préparer un saut.

Cut back
En surf, virage qui permet de revenir vers le point de déferlement de la vague.

Débattement
Amplitude, écart.

Déclencheur / largueur principal
Système de sécurité permettant au kitesurfeur de déclencher et se décrocher rapidement du chicken loop en cas d'urgence ; l'aile reste connectée au pilote grâce à la ligne de sécurité.

Déhooker
Action de décrocher le chicken loop du harnais pour réaliser des figures de freestyle newschool, à bout de bras. Seul le leash relie encore le harnais du rideur à son aile.

Dépression
Zone de basse pression atmosphérique associée à une perturbation, à un ensemble de phénomènes météorologiques tels que les nuages, les vents, les précipitations. Le vent est plus fort au centre qu'à la périphérie.

Dévente
Manque de vent causé par un obstacle.

Dorsale
Zone de haute pression située entre deux zones de basse pression. Les dorsales sont des extensions de l'anticyclone.

Drifter
Capacité de l'aile à se décaler sous le vent et à suivre le pilote, même quand les lignes se détendent.

Effet venturi
Nom donné à un phénomène de dynamique des fluides. Les particules gazeuses ou liquides accélèrent à cause d'un rétrécissement de leur zone de circulation. Baisse de pression et accélération du vent lorsqu'il souffle dans un passage étroit, entre deux obstacles.

Être surtoilé
Naviguer avec une aile trop grande, inadaptée aux conditions de vent et à son gabarit.

Extrados
Partie supérieure d'un profil aérodynamique.

Faseyer
Mouvement de l'aile, en partie dégonflée, en drapeau, qui bat au vent.

Fenêtre de vol
Espace dans lequel vole une aile.

Fenêtre utile
Zone de la fenêtre où l'aile vous permet de conserver votre vitesse et votre trajectoire.

Force de Coriolis
Représentation des particules en mouvement lors de la rotation de la Terre. Elle tend à faire dévier les particules vers la droite dans l'hémisphère nord et de la droite vers la gauche dans l'hémisphère sud.

Freestyle newschool
Regroupe les figures réalisées avec une aile ne passant pas l'axe de midi, généralement décrochée du harnais.

Freestyle oldschool
Regroupe les figures réalisées hooké, accroché au harnais, et porté par l'aile.

Front
Zone de contact entre deux masses d'air aux propriétés physiques différentes (température, pression et humidité).

Frontroll
Rotation avant réalisée sans envoi d'aile.

Grab
Il consiste à attraper la planche avec une main pendant un saut.

Intrados
Face inférieure d'un profil aérodynamique.

Jibe strapless
Demi-tour exécuté en descendant sous le vent sur une planche directionnelle sans fixation.

Largue
Allure portante qui permet de descendre sous le vent.

Leash d'aile
Cordon indépendant reliant le harnais du kitesurfeur à la ligne de sécurité de son aile.

Lignes arrière
Lignes connectées entre les extrémités de la barre et celles du bord d'attaque. Elles permettent de freiner et diriger l'aile.

Lofer
Manœuvrer pour se rapprocher du lit du vent.

Loop
Rotation totale de l'aile. Plus le loop est large, plus la traction générée est forte.

Mer du vent
Mer formée par le vent soufflant au moment de l'observation.

Pleine fenêtre
Aussi appelée cœur de fenêtre, zone où le déplacement de l'aile peut générer le plus de puissance. Zone de puissance maximum située au milieu de la fenêtre de vol.

Point de tension
Sur le border choquer, point à partir duquel les lignes arrière se tendent.

Pré-lignes
Situées aux extrémités de la barre, elles permettent de piloter et redécoller l'aile à une main en freinant un arrière.

Raley
Figure de freestyle, généralement déhookée, à l'apogée de laquelle le rideur a les bras tendus et remonte ses pieds le plus haut possible derrière lui.

Règle des douzièmes
À chaque marée montante et descendante, la hauteur d'eau évolue selon la règle des douzièmes. Pendant la première heure de marée, le niveau varie d'un douzième du marnage. Pendant la deuxième heure de deux douzièmes, la troisième de trois douzièmes, la quatrième de trois douzièmes, la cinquième de deux douzièmes, et la sixième d'un douzième. Pour connaître l'augmentation de hauteur d'eau correspondant à un douzième, on divise le marnage par douze.

Roller
Manœuvre de surf qui consiste à faire un virage au sommet de la vague.

Shape
Désigne la forme d'une planche.

Sous le vent
Côté opposé au lit du vent par rapport à la position du pilote.

Surf front-side
Virages engagés face à la vague, à la différence du surf back-side.

Tchoutch
Tube en plastique rigide situé au niveau du chicken loop, qui évite le décrochage involontaire du harnais. Se glisse dans le creux de la boucle de harnais.

Thalweg
Zone de basse pression située entre deux zones de haute pression. L'hiver, elle annonce un front froid ; l'été, elle est signe d'orage.

Travers au vent
Désigne l'allure à laquelle la navigation s'effectue perpendiculairement au vent.

Trim
Permet de régler la hauteur du point de tension et d'optimiser les performances de vol de l'aile.

Twin-tip
Planche symétrique permettant d'évoluer dans les deux sens sans changement de pied.

Vent apparent
Addition du vent réel et du vent vitesse.

Vent réel
Vent météorologique, celui que l'on sent quand on est arrêté.

Vent relatif
Vent subi par un objet en mouvement.

Vent side-off
Vent oblique à la côte et soufflant de la terre vers la mer.

Vent side-on
Vent oblique à la côte et soufflant de la mer vers la terre.

Vent vitesse
Vent généré par le déplacement. On l'appelle aussi vent relatif.

Virement de bord
Manœuvre qui consiste à faire demi-tour en passant le lit du vent.

Wakestyle
Style de freestyle inspiré du wakeboard. Se pratique décroché du harnais.

Waterstart
Sortie d'eau. On passe d'une position accroupie dans l'eau à la glisse.

▸ ADRESSES UTILES

Prévisions météorologiques et marées

Pour anticiper les conditions météorologiques, nous vous conseillons de consulter plusieurs sites et de croiser les données. Les sites suivants vous donneront des informations précieuses pour préparer votre navigation.

Météo France marine

Vous y trouverez les bulletins météo marine et bulletins météo spéciaux en cas d'intempéries. Des guides et des informations détaillés sur la météorologie sont également disponibles.

meteofrance.com/meteo-marine

Windguru et windfinder

Sites spécialisés dans l'analyse de données météorologiques. Les données y sont présentées sous forme de tableaux regroupant des prévisions de vent, vagues, précipitations, températures.

www.windguru.cz/53
fr.windfinder.com

Windy

Propose une carte interactive complète au design simple et clair.

www.windy.com

Meteo consult

Propose les prévisions côtières partout en France.

marine.meteoconsult.fr/meteo-marine/bulletin-detaille/plage-4761/previsions-meteo-kitesurf-spot-aujourdhui

Windsup

Dispose de 150 balises anémomètre sur les côtes françaises. Il propose une carte des vents en temps réel, et des relevés mis à jour toutes les deux minutes.

www.winds-up.com

Marée infos

Pour connaître les horaires et coefficients de marées partout en France.

maree.info

Juzzy

Application simple et ludique permettant de visualiser les courants de marées.

www.hello-juzzy.com

Pour avoir des données plus détaillées sur les prévisions de vague, consultez les sites dédiés au surf.

Surf report

www.surf-report.com

Magicseaweed

fr.magicseaweed.com/France-Surf-Forecast/2/

Réglementation

Ministère chargé des sports

Site regroupant des informations sur l'aménagement et l'équipement des lieux de pratique en mer, mais aussi en eau intérieure et sur les cours d'eau. Vous y trouverez également des textes réglementaires. Le site comprend une rubrique dédiée au kitesurf et à la glisse aérotractée.

www.sportsdenature.gouv.fr

Légifrance

Arrêté du 6 mai 2019 remplaçant l'arrêté du 23 novembre 1987 relatif à la sécurité des navires (Division 240).

www.legifrance.gouv.fr/jorf/id/JORFTEXT000038462363

Préfecture maritime

Vous pouvez consulter les arrêtés préfectoraux qui réglementent la navigation localement, et délivrent des informations pratiques.

Préfecture maritime Atlantique

www.premar-atlantique.gouv.fr

Préfecture maritime Méditerranée

www.premar-mediterranee.gouv.fr

Sécurité et sauvetage en mer

SNSM

Informations et conseils sur la sécurité en mer, et un lien pour effectuer des dons, le fonctionnement de la Société nationale de sauvetage en mer reposant sur des donateurs privés.

www.snsm.org

Cross

Lien vers les sites de tous les centres régionaux opérationnels de surveillance et de sauvetage de France, où vous pourrez consulter des informations sur la sécurité en navigation.

www.mer.gouv.fr/surveillance-et-sauvetage-en-mer

Fédération et écoles de kitesurf en France

Fédération française de voile

Page dédiée au kiteboard avec de nombreuses informations sur les écoles, la sécurité, les licences et assurances, des fiches pédagogiques et des conseils pour les pratiquants.

espaces.ffvoile.fr/voile-legere/kiteboard.aspx

Fédération française de vol libre

Actualités et nombreuses informations sur le cadre réglementaire, la sécurité, les écoles, les licences et assurances.

kite.ffvl.fr

Prokite

Informations sur les écoles du réseau Prokite, la charte, les assurances.

prokite.fr

UCPA

L'Union des centres sportifs de plein air est une association qui propose des séjours tout compris pour apprendre le kitesurf en France et à l'étranger.

www.ucpa.com/activite/kitesurf

▸ LES AUTEURS

Fabrice Bourbon est passionné de mer et de voile depuis son enfance. Il débute le windsurf à 6 ans et ne cesse de naviguer depuis. Souhaitant allier activité professionnelle et passion, il suit des études universitaires dans le domaine du tourisme et des loisirs sportifs, puis obtient un diplôme fédéral et un diplôme d'État pour encadrer la voile légère. Il développe des compétences techniques et pédagogiques sur différents supports, et découvre ensuite le kitesurf. Il se forme au monitorat, puis au tutorat pour encadrer des moniteurs en formation. Après des années d'expérience dans l'enseignement, son parcours et son projet professionnel le mènent vers la direction de centres spécialisés dans les séjours sportifs, dont le site UCPA de Bénodet. Il gère actuellement une école de kitesurf dans le Finistère Sud.

Autodidacte et passionné, **Stéphane Schmitt** a grandi dans le milieu du ski et de la glisse. Amoureux du kitesurf, il passe le diplôme de moniteur très tôt après avoir commencé à naviguer. En parallèle de ses premières années d'enseignement dans différents pays, Stéphane s'entraîne dans la discipline du freestyle, et remporte quelques victoires en compétition.
Passionné d'analyse technique et de pédagogie, il cherche toujours à améliorer son enseignement. Son acharnement lui permet de développer une compréhension technique poussée du kitesurf. Il se spécialise alors dans les cours de perfectionnement, l'entraînement, et la préparation aux compétitions.
Ces années d'enseignement mêlées aux rencontres avec des professionnels de toutes disciplines sportives lui ont permis de développer sa méthode pédagogique qui vous est présentée dans certaines parties de ce livre.

Illustrations : Lorenzo Timon, sauf page 65 Stéphane Schmitt.

Direction : Guillaume Pô
Direction éditoriale : Élisabeth Pegeon
Édition : Sandrine Vincent
Direction artistique : Isabelle Mayer
Mise en page : Jennifer Faisant
Direction de fabrication : Thierry Dubus
Suivi de fabrication : Marie Guibert
1re édition - N° d'édition : V22060
ISBN : 979-1-0271-0699-8
Code MDS : VA06998

Achevé d'imprimer en avril 2022 sur du papier certifié FSC® (issu de forêts gérées durablement), sur les presses de Graphycems (Espagne), un imprimeur labellisé pour ses pratiques respectueuses de l'environnement. Cet ouvrage est imprimé grâce à des encres végétales, garantissant la démarche de développement durable de l'éditeur et de l'imprimeur.

FSC www.fsc.org MIXTE Papier issu de sources responsables FSC® C007507

Dépôt légal : mai 2022
www.vagnon.fr